Renate Wind

Eva, Maria und Co.

topos taschenbücher, Band 1060
Eine Produktion der Verlagsgemeinschaft topos plus

Renate Wind

Eva, Maria und Co.

Frauen in der Bibel und ihre Geschichten

topos taschenbücher

Verlagsgemeinschaft topos plus
Butzon & Bercker, Kevelaer
Don Bosco, München
Echter, Würzburg
Lahn-Verlag, Kevelaer
Matthias Grünewald Verlag, Ostfildern
Paulusverlag, Freiburg (Schweiz)
Verlag Friedrich Pustet, Regensburg
Tyrolia, Innsbruck

Eine Initiative der
Verlagsgruppe engagement

www.topos-taschenbuecher.de

Bibliografische Information der Deutschen Nationalbibliothek
Die Deutsche Nationalbibliothek verzeichnet diese Publikation in der Deutschen Nationalbibliografie; detaillierte bibliografische Daten sind im Internet über http://dnb.d-nb.de abrufbar.

ISBN 978-3-8367-1060-2
E-Book (PDF): 978-3-8367-5052-3
E-Pub: ISBN 987-3-8367-6052-2

2016 Verlagsgemeinschaft topos plus, Kevelaer

Umschlagabbildung: FCSCAFEINE/Shutterstock.com
Einband- und Reihengestaltung: Finken & Bumiller, Stuttgart
Satz: SATZstudio Josef Pieper, Bedburg-Hau
Herstellung: Friedrich Pustet, Regensburg
Printed in Germany

Inhalt

Vorwort

Sie begegnen uns in Kirchen und Museen, in den Kunstwerken der abendländischen Kultur, in Filmen, Romanen und Gedichten, Opern und Oratorien: Eva und Maria, Rut und Noomi, Maria und Marta, Judit und Maria Magdalena. Sie kommen als Heilige und Huren daher, als Amazonen und Mütter; sie sind kämpferisch oder sanft, fromm oder verführerisch, und sie alle kommen aus der Bibel. Neben Eva und Maria, den weiblichen Urgestalten des Christentums, haben es auch die weniger bekannten unter den genannten Frauengestalten geschafft, über die biblische Überlieferung hinaus zu wirken und die künstlerische Fantasie von Männern und Frauen in unterschiedlicher Weise anzuregen. Manche dieser Frauengestalten kennt man heute eher aus der Kunst als aus den biblischen Geschichten, die von ihnen erzählen.

In den folgenden Essays über „Frauen in der Bibel und ihre Geschichte(n)" geht es um die Bilder, um die Geschichte und um die Bibel. Denn die Frauen, von denen hier die Rede sein soll, haben nicht nur einen biblischen Ursprung, sondern auch eine Geschichte der Auslegung und Interpretation hinter sich, in deren Verlauf ihr Bild geprägt und oft bis zur Unkenntlichkeit entstellt worden ist. Diese Geschichte ist über die Jahrhunderte im Wesentlichen von Theologen geschrieben worden, die sich die biblischen Frauengestalten im Sinne der kirchlichen Lehre und im Interesse der Männermacht in Kirche und Gesellschaft gefügig zu machen suchten. Es gibt nur wenige Stimmen aus der kirchlichen Tradition, die, zumeist von den Rändern der Institution oder aus dem Untergrund, eine in den biblischen Schriften aufweisbare Frauengeschichte fortschreiben.

Die Frauenforschung und die feministische Theologie haben dieses Problem zu ihrem zentralen Anliegen gemacht und damit begonnen, die Geschichte der biblischen Frauen in der jüdisch-christlichen Tradition als verschüttete Frauengeschichte, als „herstory“ in der „history“, wahrzunehmen und offenzulegen. Doch auch in diesem berechtigten Bemühen verbirgt sich häufig die Gefahr, dass allzu oft unkritisch eigene Interessen und Projektionen in die Darstellung biblischer Frauengestalten einfließen.

Mit diesen unterschiedlichen Versuchen und Versuchungen, aus den biblischen Frauengestalten Idole zu machen, die nichts anderes sind als die Widerspiegelungen eigener Fantasien und Defizite, setzen sich die Frauengeschichten in diesem Buch auseinander. Sie konfrontieren den exegetischen Befund aus den biblischen Texten mit den alten und neuen Bildern, die sich die Männerkirche und die Frauenbewegung gleichermaßen erstellt haben. Damit soll eine kirchen- und ideologiekritische Lektüre biblischer Frauentexte angeregt werden. Denn die Texte, die von Eva, Rut und Noomi, Judit, Maria aus Nazaret, Maria und Marta und Maria Magdalena erzählen, sind nicht dazu angetan, Idole zu erstellen, sondern dazu, Befreiungserfahrungen nachzuvollziehen. Die hier versammelten Frauengeschichten sollen dazu beitragen, diese biblischen Befreiungstraditionen für die Befreiungsbewegungen von Frauen und anderen Menschen innerhalb und außerhalb der Kirche sichtbar und nutzbar zu machen.

Renate Wind

Die Frau, der Baum, die Schlange

Eva und die Typologie der Frau

I.

Mit Eva fängt alles an. Obwohl Eva am Anfang noch gar nicht Eva heißt. Sie wird Männin genannt und gehört zum Mann. Der wurde vor ihr erschaffen, aus einem Erdklumpen, „adamah“, und wird nach seiner Herstellung als Adam bezeichnet, als „Erdgeschöpf“. Weil der Schöpfer ihm seinen göttlichen Atem einhaucht, wird das Erdgeschöpf eine lebendige Seele, ein Mensch. Und damit dieses Geschöpf nicht allein sei, wird aus einem Teil von ihm ein zweiter Mensch gebaut. Am Anfang der Geschichte von der Erschaffung der Welt spricht die Bibel von dem Menschen in männlicher und weiblicher Gestalt. Zu einem Paar namens Adam und Eva werden die beiden Menschen erst durch den von der Schlange provozierten folgenschweren Griff nach der Frucht vom Baum der Erkenntnis. Und damit beginnen die Geschlechterdifferenz, der Beziehungsstress und die Menschheitsgeschichte in ihrer ganzen Widersprüchlichkeit.

Eva gibt es gar nicht, und zugleich gibt es sie immer und überall. Sie ist keine historische Gestalt. Stattdessen verkörpert sie den gesamten weiblichen Teil der Menschheit. So wie Eva sind alle Frauen. Aber wie sind die Frauen, und welche Elemente liefert die biblische Erzählung von Eva zur Typologie der Frau?

II.

In der über viele Jahrhunderte geltenden Kirchenlehre ist die Geschichte von Eva im Interesse des Patriarchats und zur Sicherung der Männerherrschaft ausgelegt worden. Das gilt sowohl für die Erzählung von der Erschaffung der Frau als auch für die Darstellung ihrer Rolle im sogenannten Sündenfall. Die traditionelle Interpretation „verkündet männliche Überlegenheit und weibliche Unterordnung unter den Willen Gottes. Sie beschreibt die Frau als ‚Versucherin' und Unruhestifterin, die von ihrem Ehemann beherrscht wird und abhängig ist. Seit Jahrhunderten gehört diese frauenfeindliche Interpretation schon fast zum Kanon, sodass sowohl diejenigen, die sie beklagen, als auch diejenigen, die sie gutheißen, sich über ihren Sinn durchaus einig sind."[1] Mit dieser Feststellung von Phyllis Trible wird die Problematik der traditionellen Auslegung und der gegenwärtigen Diskussion gleichermaßen beschrieben; sie besteht darin, dass weder die sexistische Interpretation der Männerkirche noch der feministische Gegenschlag der Frauenbewegung dem biblischen Text gerecht wird. Vielmehr werden hier einzelne Aussagen verabsolutiert und zu jeweils passenden typologischen Aussagen neu zusammengesetzt. „Als Vorstellungen, die angeblich der Erzählung entnommen sind, sind sie aus der Integrität dieses Werks als einer verschachtelten Struktur von Wörtern und Motiven mit eigenem intrinsischem Wert und Sinn herausgerissen worden."[2] Damit aber, so folgert Phyllis Trible, tut man dem biblischen Text Gewalt an.

III.

Wirft man einen Blick auf die traditionellen Kommentare zur Geschichte der Erschaffung der Frau, dann wird man bereits im Neuen Testament fündig. So heißt es im ersten Brief des Paulus an die Gemeinde in Korinth: „Eine Frau entehrt ihr Haupt, wenn sie betet oder prophetisch redet und dabei ihr Haupt nicht verhüllt ... Der Mann darf sein Haupt nicht verhüllen, weil er Abbild und Abglanz Gottes ist; die Frau aber ist Abglanz des Mannes. Denn der Mann stammt nicht von der Frau, sondern die Frau vom Mann. Der Mann wurde auch nicht für die Frau geschaffen, sondern die Frau für den Mann." (1 Korinther 11,5.7–9) Abgesehen davon, dass Paulus hier einen interessanten Beitrag zum aktuellen „Kopftuchstreit" liefert[3], wird an dieser Stelle die biblische Darstellung von der Zweiterschaffung der Frau als Beweis für ihre Zweitrangigkeit hinter dem Mann interpretiert. Der unbekannte Verfasser der später entstandenen Pastoralbriefe führt diese Argumentation fort und erweitert sie noch: „Dass eine Frau lehrt, erlaube ich nicht, auch nicht, dass sie über ihren Mann herrscht; sie soll sich still verhalten. Denn zuerst wurde Adam erschaffen, danach Eva. Und nicht Adam wurde verführt, sondern die Frau ließ sich verführen." (1 Timotheus 2,12ff.)

Interessanterweise findet sich diese Argumentation in den Texten der hebräischen Bibel überhaupt nicht. Die Überzeugung, dass durch die Frau die Sünde in die Welt gekommen sei, stützt sich auf einen einzigen Satz in der (für Protestanten) apokryphen Weisheitsschrift „Jesus Sirach", die sich in der Septuaginta, der griechischen Version des Alten Testaments, nicht aber in der hebräischen Bibel selbst findet: „Von einer Frau nahm die Sünde ihren Anfang, ihretwegen müssen wir alle sterben." (Jesus Sirach 25,24) Dieses folgenreiche Statement ist allerdings nicht das Ergebnis einer theologischen Diskussion, sondern der Höhepunkt eines langen und larmoyanten Klagegesangs, wie er an Männerstammtischen bis auf den heutigen Tag gepflegt wird: „Lieber mit einem Löwen oder einem Drachen zusammen hausen, als bei einer bösen Frau wohnen ... Sitzt ihr Mann im Freundeskreis, muss er unwillkürlich seufzen. Kaum eine Bosheit ist wie Frauenbosheit ... Fall nicht herein auf die Schönheit einer Frau ..." und so weiter. (Jesus Sirach 25,16.19.21) Der Stoßseufzer eines vermeintlich oder tatsächlich geplagten (Ehe-)Mannes wurde also zum Ausgangspunkt einer bis heute nachwirkenden Kirchenlehre von der Sünde, die durch die Frau in die Welt gekommen sei, und damit zur Begründung einer Ideologie, welche die physische, intellektuelle und moralische Minderwertigkeit der Frau behauptet und über Jahrhunderte festschreibt.

IV.

Es war der Kirchenvater Augustinus, der die Lehre von der Verstrickung des Menschen in die Erbsünde formulierte, nach der „in Adam" die gesamte Menschheit in die Sünde gefallen sei, und der dabei der Frau die Verantwortung für diesen kollektiven „Sündenfall" zuschob. Weil sie zuerst von der Frucht vom Baum der Erkenntnis aß, die sie dann an den Mann weitergab, wurde sie „das Einfallstor für das Böse in diese Welt" (Helen Schüngel-Straumann), die man(n) von nun an für das Elend der ganzen Welt verantwortlich machen konnte.[4] Eng verbunden mit diesem Frauenbild ist die Dämonisierung der Sexualität; mit dem als sündig erachteten Geschlechtsakt wird die Erbsünde von Generation zu Generation weitergegeben. Und das wiederum hat damit zu tun, dass sich Augustinus in der ersten Hälfte seines Lebens nach eigenem Bekenntnis seinen sexuellen Trieben und Fantasien ausgeliefert fühlte. Aus dieser Erfahrung heraus entwickelte er schließlich auch die Lehre vom „unfreien Willen", die dem Menschen jede Möglichkeit der freien Gestaltung seines Lebens und seiner Welt absprach: „Wo ist der Mensch, der es wagte, wenn er seine Schwäche bedenkt, seine Keuschheit und Unschuld der eigenen Kraft zuzuschreiben?"[5] Elaine Pagels schreibt dazu in ihrer Untersuchung über die „Theologie der Sünde": „Der alt gewordene Augustinus versteht also seine eigenen Erfahrungen als Paradigma der Menschheitserfahrung, auch der adamitischen: ‚Die Lust des Sklaven, der ich war, war es, im ... Treiben des Verbotenen mir Freiheit, eine verkrüppelte Freiheit vorzuspielen' – exakt dies hat nach Augustinus auch Adam im Paradies getan und damit die Lawine von Sündenschuld und Sühne losgetreten, die über ihn und seinen Samen hereingebrochen ist."[6] Damit wird nun aber auch jeder Versuch, Freiheit zu gewinnen und zu gestalten, jede Emanzipations- und Autonomiebewegung, prinzipiell zu einem Symptom jener Erbsünde erklärt, welche die Menschen und die Welt ins Unglück gestürzt hat. Diese pessimistische Sicht vom Menschen und seinen Möglichkeiten wird nicht zuletzt der Augustinermönch Martin Luther übernehmen; er wird die Lehre von der Erbsünde und dem unfreien Willen ebenso wie Augustinus dazu benutzen, die Notwendigkeit einer weltlichen Obrigkeit und ihre unbeschränkte Autorität in weltlichen Angelegenheiten zu begründen.

V.

Wenn das Streben nach Freiheit und Emanzipation nach Meinung der Kirchenväter an sich schon sündig ist, dann gilt das für die Forderung der Frauen nach Selbstbestimmung und Befreiung gleich doppelt. Eva wird in dieser anti-emanzipatorischen Ideologie zum Urbild der Verführung zur Sünde, sowohl in sexueller als auch in allgemein moralischer Hinsicht. Dem entspricht die Angst der traditionellen Vertreter patriarchalischer Strukturen vor intellektuellen, kritischen, sexuell selbstbestimmten Frauen mit einem eigenen freien Willen und gestalterischer Kompetenz. Dieser Typ Frau sollte, ginge es nach dem Willen der Patriarchenfraktion aller christlichen Konfessionen bis heute, in Kirche und Gesellschaft geächtet werden. Vor allem aber sollte sie sich von kirchlichen Leitungspositionen fernhalten, wäre doch diese Anmaßung selbst schon in der Auflehnung gegen „Gottes" Gebot begründet. Diese vor allem in der katholischen Amtskirche immer noch vorherrschende Verwerfung des weiblichen Leitungs- und Priesteramtes wird durch eine Tradition untermauert, die sich in der mittelalterlichen, dann vor allem aber in der nachreformatorischen katholischen Theologie entwickelt und verselbstständigt hat. Analog zu der Aussage des Paulus, dass die Sünde Adams durch Christus und seinen Gehorsam Gott gegenüber aufgehoben werde, wurde der Sünde Evas die Unterwerfung Marias unter den Willen Gottes entgegengestellt. So wie durch die eine Frau – Eva – die Sünde in die Welt kam, so kam durch die andere Frau – Maria – Christus in die Welt und mit ihm die Erlösung von Sünde und Schuld.

Was aber unterscheidet Maria von Eva? Die traditionelle kirchliche Marienlehre bescheinigt ihr im Gegensatz zu Eva Demut

Abb. 1: Lukas Cranach d.J. (1515–1586), Der Sündenfall/Die Verkündigung an Maria, 1584

und Gehorsam. Ihre Antwort auf die Ankündigung des Engels, sie solle den Erlöser zur Welt bringen – „Siehe, ich bin die Magd des Herrn; mir geschehe, wie du gesagt hast“ (Lukas 1,38) –, wird von der Kirche der Männer und Mächtigen zur vorbildlichen

Haltung für alle Frauen dem Herrn und den Herren gegenüber erklärt.[7] Doch damit nicht genug: Die Geburt des Erlösers wird von dem „sündigen" Geschlechtsakt getrennt; die Jungfrauengeburt und damit die „Reinheit" der „Jungfrau" Maria wird zum kirchlichen Dogma erklärt, das bis auf den heutigen Tag unnachgiebig verteidigt wird. Und in letzter Konsequenz versucht das im 19. Jahrhundert von Papst Pius IX. erlassene Dogma „von der unbefleckten Empfängnis", Maria als weibliche Ausnahmeerscheinung auch aus der Erbsündenverfallenheit herauszulösen. Die Nachfahrinnen Evas sind dadurch endgültig negativ vorbelastet: demütig, gehorsam, rein und ohne Sünde – das schafft keine Frau, schlimmer noch: So will kaum eine mehr sein!

VI.

Auch wenn die feministische Kritik am kirchlichen Eva- und damit Frauenbild eine Erscheinung der gegenwärtigen Emanzipationsbewegung der Frauen in Kirche und Gesellschaft ist, so ist doch festzustellen, dass sich schon in früheren Zeiten Frauen gegen die Darstellung der Eva als Komplizin der Schlange und des Bösen gewehrt haben. Dabei konnten sich jedoch in der mittelalterlichen Kirche nur wenige privilegierte Frauen zu Wort melden, sodass wir heute nur vereinzelte weibliche Stimmen zu dieser Thematik wahrnehmen. Sie dürften aber unzähligen Frauen, die in der patriarchalischen Welt des Mittelalters im doppelten Sinne „nichts zu sagen hatten", aus der Seele gesprochen haben.

Dabei berufen sich die schreibenden Frauen des Mittelalters zunächst auf die offizielle Eva-Tradition, um dann in ihrer Aus-

Abb. 2: Eva und die Schlange

legung an unterschiedlichen Stellen einen alternativen Akzent zu setzen. Elisabeth Gössmann bezeichnet dieses Vorgehen als einen „double voiced discourse", als eine Rede in zwei Stimmen, die in der Zeit der Ketzerverfolgung und der kirchlichen Prozesse gegen theologische Abweichler(innen) notwendig zum Selbstschutz geübt werden musste: „Unter double voiced discourse in Frauentexten versteht die feministische Literaturkritik einen zweistimmigen Diskurs, der mit einer Stimme die Tradition der dominanten Gruppe aufgreift und mit der anderen diese in Frage stellt."[8] Dabei setzen die mittelalterlichen Frauentexte ihre alternative Deutung dort an, wo Frauen sich am ehesten getroffen fühlen. Der sexistischen Diskriminierung des weiblichen Körpers setzen sie eine neue Wertschätzung der Leiblichkeit entgegen, der Dämonisierung der Verführerin die Würde der von Gott geschaffenen Frau. „Hildegard von Bingen preist die eben geschaffene Eva als besonderen Glanz der Schöpfung. Der Mann, aus dem Ackerboden stammend, erhält nach ihr das Privileg physischer Stärke, das er zu seiner Arbeit des Ackerbaus braucht, die Frau aber, geschaffen aus einer feineren Materie, der menschlichen Leiblichkeit, hat das Privileg der geschickteren Hände, die sie zur Kinderpflege und zur Textilherstellung braucht. Beim Sündenfall stellt Hildegard die Frau mehr als von der Schlange getäuscht und dadurch Gottes Erbarmen herbeirufend denn als selbst sündigend dar ... Mechthild von Magdeburg (13. Jh.) betont ausdrücklich die Gleichheit der Ursünde von Mann und Frau. Christine de Pizan beginnt 1399 damit, Eva nahezu ganz von Schuld freizusprechen, weil sie die Eva-Sünde als Ausgangspunkt männlicher Frauendiskriminierung beseitigen will. Isota Nogarola (15. Jh.) führt mit einem männlichen Disputanten einen beherzten Dialog darüber, ob Adam oder Eva mehr gesündigt habe. Marguerite de Navarre (16. Jh.) drückt ihren Protest gegen die übliche Deutung von Gen 3 aus, indem sie den männlichen Hierarchieanspruch über die Frau als Usurpation auslegt ... Im Venedig von 1600 protestiert Lucretia Marinelia unter Berufung auf die als Gottes Meisterwerk geschaffene Eva dagegen, dass Frauen nach wie vor für alle Weltübel verantwortlich gemacht werden. Eine jesuitische Schrift von 1614, die den Daseinssinn der Frau weiterhin allein im Kindergebären sieht, wird umgehend durch Marie de Valois mit dem Konzept von Eva als Krone der Schöpfung beantwortet: „Von den Händen des Schöpfers gebildet, von einer vorzüglicheren Materie, ist sie dem Mann um so viel überlegen wie der menschliche Leib dem Lehm."[9]

Die Argumente, die von den mittelalterlichen Theologinnen vorgebracht werden, finden sich in der feministischen Theologie und Bewegung der Gegenwart in vielfacher Form wieder. „Als Gott den Mann schuf, übte sie noch!" ist inzwischen zu einem geflügelten Wort in der kirchlichen Frauenszene geworden. „Ich bin gut, ich bin ganz, ich bin schön!" lautet das Motto, das Elisabeth Moltmann-Wendel der in der kirchlichen Tradition so oft verinnerlichten weiblichen Selbstverachtung entgegensetzt. Als Gegenposition zu einem frauen- und leibfeindlichen Sexismus ist dieser Ausdruck eines neuen Selbstbewusstseins zweifellos zu begrüßen. Wird ihre Aussage jedoch verabsolutiert, gerät die Typologie der Frau im Feminismus erneut in eine Schieflage. Radikalfeministische Versuche, Frauen ausschließlich als Opfer des Patriarchats darzustellen, die „das Vertrauen in die eigene kindliche Unschuld" und den Mut zum Glück wiederfinden sollen, verwandeln einen berechtigten Protest „in eine unrealistisch-naive Schau, die Frauen erst recht entmündigt und eigene Schuldverflechtung verschleiert"[10].

In der Beurteilung der biblischen Gestalt der Eva bilden die radikalen Feministinnen auf der einen und die Vertreter der Männerkirche auf der anderen Seite zwei entgegengesetzte Positionen, sind aber letztlich doch nur „zwei Seiten einer Medaille“ in einer Auslegungstradition, die an der Komplexität der biblischen Überlieferung und der Dialektik ihrer Texte vorbeigeht. Beide Seiten versuchen, in Zustimmung oder Ablehnung dessen, was sie für den Inhalt des biblischen Textes halten, einfache Wahrheiten und einspurige Deutungen aus der Erzählung von dem Mann und der Frau zu gewinnen. Ist für die einen der Mensch, insbesondere in seiner weiblichen Form, grundsätzlich gut und damit Sünde nichts als eine vom Patriarchat geschaffene, systemerhaltende Fiktion, proklamieren die anderen in augustinisch-lutherischer Tradition „die Sünde des Menschen als unaufgebbare Mitte der Theologie und nicht seine Befreiung“[11]. Eine solche Position richtet sich jedoch nicht nur gegen die Befreiung der Frau, sondern gegen die Befreiung und Selbstbestimmung des gesamten Menschengeschlechts.

VII.

Was sagt nun aber die biblische Erzählung wirklich über Würde und Selbstbestimmung, über Sünde und Schuld, über die Möglichkeiten und das Versagen der Menschen und die Vision ihrer Befreiung?

Die Geschichte von der Frau und dem Mann, dem Baum der Erkenntnis und der verbotenen Frucht, der Schlange und der Vertreibung aus dem Garten Eden steht am Anfang der ältesten zusammenhängenden biblischen Quellenschrift, die um 1000 v. Chr. während der kulturellen Blütezeit des kurzlebigen gesamtisraelitischen Königreiches unter David und Salomo entstanden sein könnte. Sehr viel später erst wurde der bekannte Schöpfungsbericht in Genesis 1, in dem der Mann und die Frau gleichzeitig als „Ebenbild Gottes“ geschaffen werden, verfasst und der in Genesis 2 und 3 erzählten alten Geschichte von „Adam und Eva“ vorangestellt. Gehört dieser Text also schon zu den alten Traditionen Israels, so gehen die in ihm verarbeiteten Motive in noch weitere Vorzeiten des vorstaatlichen Israel zurück. Der Erzähler hat diese Motive zu einer kunstvoll aufgebauten Geschichte zusammengefügt. Sie gehört nicht zur Kategorie der biblischen Geschichtsschreibung, sondern in die „Urgeschichte“, in der allgemeine und grundlegende Aussagen über den Menschen und die Welt zum Ausdruck gebracht werden. Adam und Eva stehen prototypisch für das gesamte Menschengeschlecht. Sie sind nicht die ersten, sondern die typischen Menschen. Am Beispiel dieses „ersten“ Menschenpaares soll deutlich werden, wie die von Gott geschaffene Welt und die von ihm ins Leben gerufenen Menschen sein sollen, wie sie tatsächlich sind und warum sie so sind, wie sie sind. Dabei haben die biblischen Erzähler nichts anderes vor Augen als die realen sozialen Zustände und die konkreten Menschen ihrer Zeit mit ihren Möglichkeiten und Grenzen, ihren Stärken und ihren Verfehlungen. Aus diesen Erfahrungen heraus formulieren sie eine Geschichte, in der die Widersprüchlichkeit unserer menschlichen Existenz durchdacht und begründet wird.

Die Geschichte beginnt mit der Erschaffung des einen Menschen, Adam, in seiner männlichen Form. Hier wie in allen anderen biblischen Textstellen bezeichnet das hebräische Wort „’adam“ den Menschen. Der Geschlechtsunterschied wird mit den Begriffen „isch“ für den Mann und „ischa“ für die Frau ausgedrückt. Von Anfang an – das will der Text zum Ausdruck bringen – existiert der Mensch in zwei Gestalten, einer männlichen und einer weiblichen, denn die Erfahrung lehrt, dass der Mensch und insbesondere der Mann nicht allein sein kann. Er ist im wahrsten Sinne des Wortes nur ein „halber Mensch", der „Hilfe" braucht durch eine ihm ebenbürtige „bessere Hälfte". Diese ist nicht, wie Luther übersetzt, seine „Gehilfin"; sie steuert vielmehr die Art von Hilfe – „'ezer" – bei, die mit dem gleichen Begriff auch als Beistand Gottes beschrieben wird. Pinchas Lapide betont darüber hinaus noch einen weiteren wichtigen Aspekt, indem er darauf hinweist, dass der Text „klipp und klar von ‚einer Hilfe, ihm entgegen' spricht, wobei das letzte Wort unüberhörbar nicht nur das Gegenüber, sondern auch Opposition mitschwingen lässt ... Eva war also keineswegs als unterwürfige Ja-Sagerin noch als demütige Mitläuferin gemeint, sondern als Person mit Eigenwert, die widersprechen soll und aufbegehren darf ...; der lakonisch kurze Bibelsatz zeigt also, dass die Ehe von Anfang an als eine konstruktive Kontrast-Harmonie vorausbestimmt wurde, was sie, in der Tat, bis heute auch geblieben ist."[12] So richtig diese letzte Feststellung zweifellos ist – in der Geschichte von dem Mann und der Frau geht es jedoch nicht in erster Linie um die Dynamik der (ehelichen) Zweierbeziehung. Vielmehr soll in der Zuordnung der beiden Menschen zueinander die von Gott ursprünglich gedachte Sozialordnung deutlich gemacht werden. Und hier lassen die Erzähler(innen) keinen Zweifel daran, dass der Mensch in seiner weiblichen Form dem männlichen Exemplar ebenbürtig ist und ihm gleichwertig gegenübersteht. Obwohl die Frau als zweite und aus der „Rippe" des Mannes geschaffen wurde (Text I), läuft die Logik der Geschichte auf die Gleichwertigkeit der Geschlechter hinaus. Denn so, wie sie erzählt wird, ist sie ja nicht wirklich „passiert". Die Erzählung ist vielmehr so angelegt, dass deutlich wird: Unter den zunächst geschaffenen Tieren, denen der Mann als Zeichen seiner Herrschaft ihren Namen gibt, findet er keine wirkliche „Hilfe“. Ein wirkliches Gegenüber kann nur aus gleichem Stoff und von gleichem Rang sein, jemand, der ihm in allem gleich ist, von dem berühmten „kleinen Unterschied“ einmal abgesehen. Aber es geht nicht nur um die Gleichheit der Geschlechter. Der Text will zum Ausdruck bringen, dass es in der von Gott geschaffenen guten Welt noch keine Herrschaft von Menschen über Menschen gibt. Der Mann und die Frau stehen sich frei gegenüber. Und noch hat die Frau keinen Namen!

VIII.

Es könnte also alles so schön sein! Doch der reale Zustand der Welt ist von dem idealen Urzustand im Garten Eden weit entfernt. Im weiteren Verlauf der Erzählung suchen ihre Verfasser deshalb eine Antwort auf die existenzielle Frage: „Warum ist der von Gott geschaffene Mensch ein von Tod, Leid, Mühe und Sünde begrenzter Mensch?“[13] Die Geschichte, die dazu erzählt wird, spricht weder von Erbsünde noch von (sexueller) Verführung, sondern davon, dass die Menschen aus der Nähe Gottes verbannt und aus dem Garten Eden vertrieben werden, weil sie von der verbotenen Frucht vom Baum der Erkenntnis essen.

Diese entscheidende Szene ist in der abendländischen Kunst so oft dargestellt worden, dass sich die Vorstellung von der „Ursünde“ sofort mit der verführerischen Frau verbindet, die dem leicht verführbaren Mann den Apfel reicht – und irgendwo im

Abb. 3: Albrecht Dürer (1471–1528), Adam und Eva, 1504 (Kupferstich)

Baum der Erkenntnis lauert die listige Schlange auf den „Sündenfall“ des „ersten“ Menschenpaares.

So steht es aber nicht im biblischen Text. Dort liest man, dass die Frau und der Mann die nicht näher bezeichnete Frucht essen; was sie dazu verlockt, stellt die Schlange in Aussicht: Ihr werdet sein wie Gott! Die biblischen Erzähler stellen im weiteren Verlauf der Geschichte dar, dass in dieser Anmaßung der Menschen die bis heute andauernde Gewaltgeschichte begründet liegt. Menschen, die „wie Gott" sein wollen, werden selbst definieren, was gut und böse ist, und dabei wird der Stärkere dem Schwächeren seinen Willen aufzwingen. Der Mensch, der sein eigener Gott sein will, wird nach unbeschränkter Herrschaft trachten und damit unfähig sein zu Mitmenschlichkeit und Mitgeschöpflichkeit. Sein wollen wie Gott führt zur Entfremdung zwischen Gott und den Menschen, zwischen den Menschen und zwischen Menschen und Natur. Die Aktionen und „Strafsprüche", die dem „Sündenfall" folgen, sind keineswegs Gebote Gottes. Sie sind Zustandsbeschreibungen und reflektieren die erlebte Realität des Patriarchats. Die Menschen treten sich nicht mehr frei gegenüber. Die Herrschaft des Mannes über die Frau beginnt, und der erste Herrschaftsakt besteht darin, dass er ihr den Namen gibt: Eva. Diese Herrschaft ist nicht in der Schöpfungsordnung Gottes verankert, sondern die Folge der Entfremdung in jener „Ursünde", die bis heute im Herrschen und Unterwerfen ihre Fortsetzung findet. Denn auch hier geht es nicht nur um den Geschlechterkampf, sondern um den Beginn der Menschenmacht über Menschen, die nicht nur im Patriarchat ihren Ausdruck findet. Dass aber jede Form von Herrschaft den weiblichen Teil der Menschheit doppelt bedrückt, ist die schmerzliche Erfahrung aller Frauengenerationen, die in Eva repräsentiert werden. Doch ihr Schicksal ist nicht gottgewollt, sondern gerade umgekehrt, Ausdruck der Entfremdung, der Abkehr von Gott und seiner menschenfreundlichen Ordnung.

IX.

Sind die Menschen also doch der „Erbsünde“ verfallen, unfähig, ihr Zusammenleben sozial und ihre Welt verantwortlich zu gestalten? Bis in die heutige Zeit ist ja die traditionelle kirchliche Lehre von der Vorstellung geprägt, dass die ursprünglich gute Schöpfung Gottes durch den Sündenfall des Menschen verdorben und der Zustand der Welt daher nicht mehr zu ändern sei. Damit ist zugleich die Überzeugung verbunden, dass die Menschen weder sich selbst noch das Leben auf ihrer Erde entscheidend verbessern können und daher der Erlösung aus der sündigen Welt bedürfen. Doch davon steht nichts in der Geschichte und auch nicht in den weiteren Texten der Bibel. Es steht auch nirgends geschrieben, dass die Welt als Ort der Sünde sich selbst überlassen bleiben und im Glauben überwunden werden soll. Die beiden Geschichten von der Erschaffung der Welt in ihrem idealen Urzustand und dem Verlust ihrer ursprünglichen Vollkommenheit bilden vielmehr eine dialektische Einheit. Sie sind nicht als ein zeitliches Nacheinander zu verstehen, sondern als eine Darstellung der zwei Seiten der Welt und des Menschen. Die Geschichte von der Vertreibung aus dem Garten Eden will die gute Schöpfung Gottes nicht aufheben noch ihre Ordnung infrage stellen. Sie macht aber deutlich, warum und wodurch sie immer wieder gefährdet ist. Die biblischen Texte, die der Geschichte vom Anfang folgen, haben ein einziges großes Thema: die kritische Auseinandersetzung mit der Arroganz der Macht und den Ruf zur Umkehr, zur Unterstellung unter die in der Schöpfungsgeschichte beschriebene gute Ordnung Gottes, die auf Gleichheit und Herrschaftsfreiheit zielt. Dass bis in die Evangelientexte des Neuen Testamentes, bis in die Verkündigung Jesu hinein zur Umkehr aufgerufen wird, zeigt, dass in biblischer Perspektive den Menschen diese Fähigkeit zugemutet, vor allem aber zugetraut wird. (Text III)

Was bedeutet das schließlich für Eva, „chawwa", die „Mutter aller Lebenden"? Sie ist, wie Adam, zum Guten wie zum Bösen fähig, in gleicher Weise zur Mitarbeit an der Schöpfung Gottes berufen und zugleich begrenzt durch die vielfältigen Folgen der Entfremdung von ihrem Schöpfer. Da aber sie und mit ihr alle Frauen in stärkerem Maße als der Mann und seine Nachkommen von dem Mangel an Gleichheit und Herrschaftsfreiheit betroffen sind, werden in der biblischen Überlieferung die Töchter Evas in besonderer Weise zu Verkünderinnen einer neuen Ordnung der Gerechtigkeit und der Gleichheit, die der herrschenden Gewaltgeschichte ein Ende setzen und Raum schaffen wird für ein menschenwürdiges Leben.

Texte

I.

Aber wie steht es um die berühmte Rippe, aus der Eva einst entstanden ist? Das hebräische Wort, das hier Anwendung findet, kann zwar „Rippe“ bedeuten, wird aber häufiger als „Flanke“ oder „Seite“ verwendet – insbesondere im Zusammenhang mit der Stiftshütte, der Bundeslade und beim Altar im Tempel. Diese Zweideutigkeit soll daran erinnern, dass jeder Mensch ein Heiligtum darstellt, oder wie Paulus im Sinne seiner rabbinischen Lehrmeister sagt: „Wisst ihr denn nicht, dass euer Leib ein Tempel des Heiligen Geistes ist, der in euch wohnt; den ihr von Gott empfangen habt?“ (1 Korinther 6,19)

Der Tatsache, dass Eva aus einer Seite Adams erstanden sei, gewinnen die Rabbinen einen tieferen Sinn ab: Hätte Gott der Frau beschieden, über den Mann zu herrschen, so hätte er sie aus Adams Kopf geschaffen. Hätte er ihr beschieden, seine Sklavin zu sein, so hätte er sie seinen Füßen entnommen. Er aber nahm sie aus seiner Seite, weil er sie zu seiner gleichberechtigten Gefährtin bestimmt hat.

Pinchas Lapide, Eva als erste Theologin,
in: Evangelische Kommentare V/1986.

II.

Es stehen überhaupt noch viele schöne und merkwürdige Erzählungen in der Bibel, die ihrer Beachtung wert wären, zum Beispiel gleich am Anfang die Geschichte von dem verbotenen Baume im Paradiese und von der Schlange, der kleinen Privatdozentin, die schon sechstausend Jahre vor Hegels Geburt die ganze Hegel’sche Philosophie vortrug. Dieser Blaustrumpf ohne Füße zeigte sehr scharfsinnig, wie das Absolute in der Identität von Sein und Wissen besteht, wie der Mensch zum Gotte werde durch die Erkenntnis, oder, was dasselbe ist, wie Gott im Menschen zum Bewusstsein seiner selbst gelange. Diese Formulierung ist nicht so klar wie die ursprünglichen Worte: „Wenn ihr vom Baume der Erkenntnis genossen, werdet ihr wie Gott sein!“ Frau Eva verstand von der ganzen Demonstration nur das Eine, dass die Frucht verboten ist, und weil sie verboten, aß sie davon, die gute Frau. Aber kaum hatte sie von dem lockenden Apfel gegessen, so verlor sie ihre Unschuld, ihre naive Unmittelbarkeit, sie fand, dass sie viel zu nackend sei für eine Person von ihrem Stande, die Stammmutter so vieler Kaiser und Könige, und sie verlangte ein Kleid. Freilich nur ein Kleid von Feigenblättern, weil damals noch keine Lyoner Seidenfabrikanten geboren waren und weil es auch im Paradiese noch keine Putzmacherinnen und Modehändlerinnen gab – o Paradies! Sonderbar, sowie das Weib zum denkenden Selbstbewusstsein kommt, ist ihr erster Gedanke ein neues Kleid! Auch diese biblische Geschichte, zumal die Rede der Schlange, kommt mir nicht aus dem Sinn.

Heinrich Heine, Geständnisse,
aus: Heines Werke in fünf Bänden, Berlin und Weimar 1978.

III.

Verlangen wirst du, dass wir, die Lieblosen dieser Erde,
Deine Liebe sind.
Die Hässlichen deine Schönheit,
Die Rastlosen deine Ruhe,
Die Wortlosen deine Rede,
Die Schweren dein Flug.
Jeder wird wissen, dass dies von ihm erwartet wird,
Etwas, wogegen Atombomben ein Kinderspiel sind.
Und aufbegehren wird er und sagen, wie kommen wir dazu.
Und sagen, wie hässlich es ist, erwachsen zu werden

Und aufzubleiben in der Nacht, allein.
Aber jeder wird wissen: Dies ist dein letztes Geheimnis.
Dein Fernsein deine Nähe,
Dein Zuendesein dein Anfang,
Deine Kälte dein Feuer,
Deine Gleichgültigkeit dein Zorn.

Und einige wirst du bisweilen beweglich machen,
Schneller als deine Maschinen und künstlichen Blitze,
Überflügeln werden sie ihre Angst.
Fahrende werden sie sein, Freudige.
Reich wird und voll Süße sein
Die Begegnung der Gruß im vorüber.
Nisten werden sie in ihrer Heimatlosigkeit
Und sich lieben in Tälern des Abschieds.
Gleitet ihr Sterblichen –

Marie Luise Kaschnitz, Tutzinger Gedichtkreis, in: Ds., Überallnie. Ausgewählte Gedichte 1928–1965. © 1965 Claassen Verlag

Anmerkungen

1 Phyllis Trible, Gott und Sexualität im Alten Testament, Gütersloh 1993, S. 90.
2 Ebenda, S. 91.
3 So heißt es im gleichen Zusammenhang: „Wenn eine Frau kein Kopftuch trägt, soll sie sich doch gleich die Haare abschneiden lassen. Ist es aber für eine Frau eine Schande, sich die Haare abschneiden oder sich kahl scheren zu lassen, dann soll sie sich auch verhüllen." (1 Korinther 11,6).
4 Helen Schüngel-Straumann, Eva, in: Wörterbuch der Feministischen Theologie, Gütersloh 1991, S. 91f.
5 Augustinus, Bekenntnisse 2,7.
6 Elaine Pagels, Adam, Eva und die Schlange, Hamburg 1991, S. 221.
7 Näheres dazu auch in dem Kapitel „Madonna, Muttergöttin, Menschenfrau", S. 51–76.
8 Elisabeth Gössmann, Eva, in: Wörterbuch der Feministischen Theologie, a. a. O., S. 96.
9 Ebenda.
10 Evi Krobath, Sünde/Schuld, in: Wörterbuch der Feministischen Theologie, a. a. O., S. 388.
11 Ebenda, verwiesen wird hier auf eine Erklärung der lutherischen Bischöfe Nordelbiens.
12 Pinchas Lapide, Eva als erste Theologin, in: Evangelische Kommentare V/1986.
13 Claus Westermann, Genesis 1–11, BK I/1, Neukirchen 1974, S. 377.

Solidarität und Erlösung

Rut und Boas, Noomi und der Messias

I.

„Wo du hingehst, da will auch ich hingehen, und wo du bleibst, da will auch ich sein ..." singt Polly ihrem geliebten Macheath in Bertolt Brechts und Kurt Weills „Dreigroschenoper". In diesem herzergreifenden Lied werden die Träume von der Liebe, die ein Leben lang währt, in sehnsüchtige Worte und Klänge umgesetzt, doch zugleich verfremdet und ironisiert – denn im gleichen Augenblick ist allen klar, dass in den Verhältnissen, wie sie nun einmal sind, auch die Liebe den Gesetzen von Angebot und Nachfrage, Kaufen und Verkaufen, kurz dem Verfall aller menschlichen Werte zum Opfer fällt. Trotzdem wird bis auf den heutigen Tag die Hoffnung aufrechterhalten oder auch nur die Illusion gepflegt, dass in einer immer stärker zerfallenden Welt die Liebe eine unberührte Insel der Seligen sein könnte, in der die Widersprüche aufgelöst sind zugunsten eines harmonischen Lebens zu zweit – „bis dass der Tod euch scheidet".

Was in der Hochzeitskultur in romantischer Verkleidung daherkommt, steht in der Bibel – jedoch ursprünglich in einem anderen Zusammenhang. Das Buch Rut erzählt von einer Familie aus Betlehem, die als Wirtschaftsflüchtlinge in ein anderes Land, nach Moab, fliehen. Dort heiraten die Söhne moabitische Frauen, die nach dem frühen Tod der Männer zusammen mit ihrer ebenfalls verwitweten jüdischen Schwiegermutter Noomi allein und auf sich gestellt sind. Die eine, Orpa, wird versuchen, in ihrem Herkunftsland eine neue Lebensperspektive zu finden. Die andere, Rut, beschließt, ihrer Schwiegermutter in deren Heimat zu folgen: „Rede mir nicht ein, dass ich dich verlassen und von dir umkehren sollte. Wo du hingehst, da will auch ich hingehen; wo du bleibst, da bleibe ich auch. Dein Volk ist mein Volk, und dein Gott ist mein Gott. Wo du stirbst, da sterbe ich auch, da will ich auch begraben werden. Der Herr tue mir dies und das, nur der Tod wird mich und dich scheiden." (Rut 1,16f.)

II.

Das ist der Auftakt einer Geschichte, die von Liebe erzählt, von Liebe in ihren vielfältigen Formen. In ihr wird deutlich werden, dass sich die Liebe nicht auf ein „Leben zu zweit" beschränkt, sondern sich in unterschiedlichen Lebenskontexten als Lebenselixier erweist. Am Anfang dieser Liebesgeschichte steht eine Frauenfreundschaft, eine Solidarität zwischen zwei Frauen, die gemeinsam etwas erreichen, was jede für sich wohl nicht geschafft hätte. Dabei hätte die eine von beiden, Rut, die besseren Chancen gehabt. Sie würde doch in ihrer Heimat einen neuen Mann finden, sagt die verständnisvolle Noomi, und für Kinder sei es auch noch nicht zu spät. Doch Rut will bei ihr bleiben und die ungewisse Zukunft mit ihr teilen. Die Worte, mit denen sie ihren Beschluss begründet, gelten einer Beziehung, die durch keine Institution gesichert und mit keinem Ritual gewürdigt wird. In einer Zeit, in der Frauen weder allein noch zu zweit einen Anspruch auf gesichertes Auskommen und gesellschaftliches Ansehen hatten, ist Ruts Entschluss ein Dokument höchster persönlicher Freiheit, eine in großer Unabhängigkeit getroffene Entscheidung für ein selbstbestimmtes solidarisches Leben, mit der die sozialen Schranken, in denen sich Beziehungen einzurichten haben, überschritten werden.

Doch das ist nicht die einzige Grenzüberschreitung, die sich in der Geschichte von Rut und Noomi ereignet. „Dein Volk ist mein Volk, und dein Gott ist mein Gott" bedeutet die Transzendierung nationaler und religiöser Grenzen zugunsten einer Solidargemeinschaft, mit der am Ende neue Horizonte eröffnet werden: Rut wird einen Sohn gebären, der auch Noomis Kind ist, und von ihm wird der Messias abstammen, der endzeitliche Erlöser der Welt.

III.

Aber noch ist es nicht so weit. Bevor der Blick am Ende der Geschichte in die Weite geht, bleibt er bei den beiden Frauen und ihrem mühsamen Weg über die Grenze zurück nach Juda, in die Heimatstadt Noomis, nach Betlehem. „Nennt mich nicht mehr Noomi, die Liebliche, sondern Mara, die Bittere", sagt Noomi bei ihrer Ankunft. Nichts deutet darauf hin, dass es hier noch eine Zukunft gibt für sie und für Rut, die fremde Schwiegertochter aus dem reichen „Grünland Moab". In den biblischen Traditionen ist Moab eher ein Ort des fremden, des anderen Glaubens, der feindlichen Bedrohung, der überlegenen, aber auch verachteten heidnischen Kultur. Was sucht die Moabiterin in Betlehem, wo sie sich, wie ihre Schwiegermutter ohne Ehemann und Einkunftsquelle, auf der untersten Stufe der sozialen Leiter befindet, abhängig von den Almosen, mit denen Witwen gerade eben am Leben erhalten werden?

Dass Rut bereit ist, mit Noomi dieses Schicksal zu teilen, macht sie zu einer großen Liebenden. Der Gedanke, dass die Liebe stärker ist als der Tod, wird auf eigentümliche Weise in der Geschichte von Rut und Noomi variiert. Denn das, was Noomi an Schicksalsschlägen widerfährt, macht sie, wie sie sagt, zu einer „toten Frau". Ihre Söhne sind gestorben, ohne Kinder gezeugt zu haben; damit ist die Geschichte ihrer Familie zu Ende. Damit sind aber auch die traditionellen Beziehungsmöglichkeiten erschöpft. Darin liegt die eigentliche Bitterkeit, die Noomi beklagt. Nach biblischer Tradition besteht der Schrecken des Todes in der unaufhebbaren Beziehungslosigkeit. Das bedeutet aber auch umgekehrt, dass der Verlust von Beziehungen, dass Einsamkeit und Verlassenheit bereits als Macht des Todes mitten im Leben erfahren werden. Es ist Rut, die sich dieser Macht der Todes widersetzt: Sie ist fest entschlossen, bei Noomi zu bleiben. „Das für die Entscheidung der Rut gebrauchte Verbum ‚dabaq' weist ein Bedeutungsspektrum auf, das vom konkreten Gestus der Umarmung bis hin zum theologischen Terminus der bedingungslosen Gottesliebe reicht: Es meint die feste Entschlossenheit, sich an eine Person oder auch an eine Sache, koste es, was es wolle, aus Liebe zu binden", schreibt Erich Zenger, „in ihrer Liebe bindet sich Rut an alle Dimensionen der sozialen und religiösen Existenz der Noomi: Sie lässt ihren eigenen Ursprung und ihre bisherigen Bindungen zurück, doch in ihrer Lebensgemeinschaft mit Noomi werden ihr ein neues Gottesverhältnis und eine neue soziale Heimat geschenkt. Das ist die Paradoxie der Liebe: Wer sich dem anderen vorbehaltlos hingibt, findet sich selbst in seiner

Hingabe neu wieder. Nicht wer nimmt, empfängt – sondern wer gibt!“[1]

Doch die Geschichte der beiden Frauen und ihrer Freundschaft ist nicht nur durch vorbehaltlose Liebe gekennzeichnet. Ebenso wichtig und in gewisser Weise weiter greifend ist die Erfahrung der Solidarität. Vielfach taucht im Buch Rut der Begriff *hesed* auf, der die Treue und gegenseitige Verpflichtung innerhalb eines Bundesverhältnisses bezeichnet und insbesondere die Treue Gottes zu seinem Volk beschreibt. Bemerkenswert ist nun aber, dass zu Beginn der Geschichte von Rut und Noomi von dieser Treue Gottes wenig zu spüren ist: „Mit leeren Händen hat der Herr mich heimkehren lassen“, klagt Noomi, „der Herr hat gegen mich gesprochen, und der Allmächtige hat mir Schlimmes angetan.“ (Rut 1,21) Die Treue, die Gott „vermissen“ lässt, kommt ihr durch Rut, die heidnische Moabiterin, entgegen. Dass Gott durch Menschen handelt, und zwar über nationale und religiöse Grenzen hinweg, ist für die Erzähler(innen) dieser Geschichte offenbar von großer Bedeutung.

Was immer nach diesem Auftakt sonst noch in der Erzählung von Rut geschieht – es ist die Geschichte einer selbst gewählten Frauenfreundschaft, mit der alle weiteren Entwicklungen in Gang gesetzt und möglich gemacht werden. Am Ende des ersten Kapitels heißt es: „So zogen sie miteinander nach Betlehem.“ (Rut 1,19) „Der Erzähler gebraucht hier die Dualform, die ein Paar bezeichnet. Rut ist nicht mehr die abhängige Schwiegertochter, sie sind ein ‚Paar‘, das hinfort sein Leben teilen will.“[2] Eine neue Beziehungsmöglichkeit ist gewagt worden, in der neue Dimensionen des Lebens gegen die Mächte des Todes eröffnet werden.

III.

Erst im zweiten Kapitel des Buches von Rut kommt es zu jener Beziehung, die scheinbar der eigentliche Sinn und Zweck der Geschichte ist. Rut tut das, was Witwen üblicherweise während der Erntezeit tun: Sie sammelt auf den abgeernteten Feldern die liegen gebliebenen Ähren. Es sind die Felder, die Boas, einem entfernten Verwandten der Noomi, gehören. Nach allem, was wir von den Sozialgesetzen des alten Israel wissen, hat er das Recht und die Pflicht, sich um die verwitwete Frau zu kümmern. Der biblische Text vermittelt zwar den Eindruck, Rut sei zufällig gerade auf Boas' Feldern gelandet. Aber, wie Meir Shalev richtig bemerkt, „wäre es tatsächlich nur ‚Zufall' gewesen, dann einer von der besonders glücklichen Sorte"[3].

Die Erzählung wendet sich nun zunächst Boas zu und beschreibt ihn als freundlichen und sozial handelnden Grundbesitzer, der die fremde junge Frau unter seinen Schutz nimmt. Seine Anweisungen lassen im Übrigen darauf schließen, wie normalerweise mit schutzlosen Ährenleserinnen umgegangen wurde. Abgesehen von der Mühsal der Arbeit und der Armseligkeit der Ausbeute waren sie Freiwild für die Knechte, denen nun ausdrücklich befohlen wird, die Frau nicht anzurühren. Auch wird Rut eingeladen, ausschließlich auf Boas' Feldstücken ihre Ähren zu sammeln, damit man sie auf anderen Feldern nicht belästigt. Was also in vielen Nacherzählungen der Geschichte wie eine ländliche Idylle dargestellt wird, ist in Wahrheit ein Stück Sozialgeschichte, in der die Ausnahme von der Regel hervorgehoben wird. Dies wird von Rut selbst bestätigt: „Wie habe ich es verdient, dass du mich so achtest, da ich doch eine Fremde bin?" (Rut 2,10) Und nun ist es Boas, der den bisher verborgenen Gott ins Spiel bringt: „Mir wurde alles berichtet, was du nach dem Tod deines Mannes für deine Schwiegermutter getan hast; ... der Herr, der Gott Israels, zu dem du gekommen bist, um dich unter seinen Flügeln zu bergen, möge dir dein Tun vergelten und dich reich belohnen." (Rut 2,11f.) Und ähnlich wird Noomi den „glücklichen Zufall" der Begegnung mit Boas kommentieren: „Gesegnet sei er vom Herrn, der seine Gunst den Lebenden und Toten nicht entzogen hat. Und sie erzählte ihr: „Der Mann ist mit uns verwandt, er ist einer von unseren Lösern." (Rut 2,20) Die Klage der Noomi über Gottes Abwesenheit hat sich in Lob über seine Fürsorge verwandelt. Betlehem, für Noomi bis dahin der Ort der Leere und des Hungers, wird nun wieder zum „Haus des Brotes". Aber es ist, wohl gemerkt, die Solidarität des Boas, die Gottes Treue wirksam werden lässt. Wieder handeln Menschen, wieder handeln sie grenzüberschreitend, und wieder wird eine Heilserfahrung möglich, weil Menschen nicht gegeneinander, sondern miteinander und füreinander leben.

Was aber hat es mit dem „Löser" auf sich, der hier ins Spiel gebracht wird? In der Sozialgesetzgebung Israels hat er einen festen Platz, auch wenn nicht bis ins Einzelne geklärt werden kann, wie weit dieser *goel* in der Rechtspraxis Israels tatsächlich funktioniert hat. Seine Aufgabe ist es in erster Linie, verschuldeten Besitz eines Verwandten freizukaufen und damit dem Familienverband zu erhalten, dann aber auch, Verwandte aus der Schuldsklaverei auszulösen, Verarmten einen neuen Anfang zu ermöglichen. Im weiteren Sinne ist damit verwandt oder verbunden die Schwagerehe, die der Witwe eines verstorbenen Verwandten eine Existenzgrundlage sichern und das Familienerbe zusammenhalten soll. Insofern nimmt der „Löser" eine zentrale Rolle in einem Solidarsystem ein, das auf Ausgleich und Befreiung aus Verschuldungssituationen angelegt ist. In diesem Zusammenhang kann der „Löser“ im wahrsten Sinne des Wortes zum Erlöser aus verzweifelten Lebenslagen werden. Das ist der entscheidende Punkt, an dem in der biblischen Tradition der Gedanke der Solidarität mit der Hoffnung auf Erlösung zusammentrifft. Was in der messianischen Vision im Großen erwartet wird, wird in der individuellen Notlage – zum Beispiel der Noomi – im Kleinen erhofft: Ich weiß, dass mein (Er-)Löser lebt!

IV.

Obwohl es in der Geschichte von Noomi, Rut und Boas um so große und bedeutungsschwere Begriffe wie Solidarität und Erlösung geht, wird das Ganze in Form einer unterhaltsamen Geschichte erzählt. In ihr spielen weitere Varianten von Liebe eine Rolle, diesmal zwischen Mann und Frau, mit Erotik und Romantik, aber auch mit Verführungskunst und Frauenlist. Denn Noomi will mit Ruts Hilfe den „Löser“ aktivieren. „Das wundervoll geschriebene dritte Kapitel des Buches Rut fängt – quasi hautnah – die vom Geruch der Ernte erfüllte Atmosphäre ein, in der die Verführung stattfinden soll. Rut wird zum Dreschplatz geschickt. Dort soll sie ihre Schönheit und Anmut, kombiniert mit einem ansehnlichen Bündel guter schwiegermütterlicher Ratschläge, zum Einsatz bringen: ‚Meine Tochter, sollte ich dir nicht eine Ruhstatt verschaffen, die dir gut tun wird? Nun, Boas, unser Verwandter, mit dessen Mägden du warst, siehe, er worfelt heute Nacht auf dem Gerstendreschplatz. Bade und salbe dich, ziehe deine Kleider an und geh zum Dreschplatz hinab ...' Noomi verlässt sich auf die Grundgesetze der Natur und der sozialen Interaktion. Sie schickt Rut gewaschen, elegant und wohlriechend in den Ring ... Sie mahnt sie eindringlich, den Mann in Ruhe zu lassen, bis er seine Mahlzeit beendet hat, denn sie weiß: Müde, hungrige Männer sind leicht reizbar. Rut soll erst aktiv werden, wenn Boas satt ist und sich schlafen gelegt hat. Noomis Plan sieht vor, dass Rut sich ihm aus allernächster Nähe zu erkennen gibt: Es soll ja der maximale Überraschungseffekt für das glückliche Opfer erzielt werden ... Und Noomis Plan ging auf: Es war mitten in der Nacht, da schrak der Mann auf; er griff um sich, siehe, da lag eine Frau zu seinen Füßen."[4]

Die Erzählung lässt offen, was alles in dieser Nacht passiert ist oder passiert sein könnte. Diskret wird darauf hingewiesen, dass Rut zu Boas' Füßen liegen blieb. Zur Sprache kommt allerdings der Wunsch, den „Löser" zu heiraten. Dieser ist Feuer und Flamme, gibt aber zu bedenken, dass es einen anderen, näher verwandten Löser gibt, der ein Anrecht hätte, den Erbbesitz der Noomi zusammen mit ihrer Schwiegertochter auszulösen. „Bleib über Nacht, und wenn er dich dann am Morgen lösen will, gut, so mag er lösen. Wenn er dich aber nicht lösen will, so werde ich dich lösen, so wahr der Herr lebt. Bleib liegen bis zum Morgen!" (Rut 3,13)

Der Rest ist schnell erzählt. Die kluge Noomi gibt bereits am Morgen danach eine treffende Einschätzung ab: „Der Mann wird nicht ruhen, ehe er noch heute die Sache erledigt hat." In diesem Augenblick hat Boas den Löser mit dem Erstanrecht bereits abgepasst und vor die folgende Alternative gestellt: Wenn er den – offenbar gepfändeten – Acker der Familie Noomis auslösen will, muss er auch die Schwiegertochter aus Moab heiraten. Das aber lehnt der Mann ab; für ihn sind Fremde aus der Solidargemeinschaft ausgeschlossen: „Da kann ich für mich nicht lösen, sonst schädige ich mein eigenes Erbe. Übernimm du mein Löserecht." (Rut 4,6) „Boas verliert keine Sekunde. Kaum ist der Konkurrent aus dem Geschäft ausgestiegen, vollzieht er in Gegenwart der Ältesten – die er zu selbigem Zweck um sich geschart hatte – die nötigen gerichtlichen Schritte und nimmt Rut zur Frau."[5]

Damit könnte die Geschichte zu Ende sein. Es wäre das traditionelle *Happyend* einer Liebesgeschichte, die deshalb gut ausgeht, weil ein Mann erobert wurde, der für die Frau und die Schwiegermutter sorgt. Und zu diesem *Setting* gehört natürlich auch der Sohn, der dem Paar bald darauf geboren wird. Doch an dieser Stelle verlässt die Erzählung noch einmal die Ebene der glücklichen Zweierbeziehung. Der Gott Israels ließ Rut schwanger werden, heißt es im Text, und von da an spielt das Ende der Geschichte ausschließlich unter Frauen. „Da sagten die Frauen zu Noomi: Gepriesen sei der Herr, der es dir heute nicht an einem Löser hat fehlen lassen. Sein Name soll in Israel gerühmt werden. Noomi nahm das Kind, drückte es an ihre Brust und wurde seine Ziehmutter. Die Nachbarinnen wollten ihm einen Namen geben und sagten: Der Noomi ist ein Sohn geboren. Und sie gaben ihm den Namen Obed. Er ist der Vater Isais, des Vaters Davids." (Rut 4, 14.16f.)

V.

Für Goethe ist das Buch Rut ein Stück Literatur gewesen, „welches bei seinem hohen Zweck, einem König von Israel interessante Voreltern zu verschaffen", zugleich auch als „das lieblichste kleine Ganze betrachtet werden kann, das uns episch und idyllisch überliefert worden ist"[6]. Zweifellos ist das Buch Rut ein Stück Literatur, eine novellistische Erzählung, die ihren Stoff aus der Geschichte Israels bezieht, ohne jedoch Geschichtsschreibung zu sein. Wie so viele biblische Texte ist das Buch Rut eine „*story*" innerhalb der „*history*", in der historische Erfahrungen aufgenommen und gedeutet werden. Im Alten Testament ist das Buch Rut in die Reihe der Geschichtsbücher eingeordnet worden. Dadurch wird der Eindruck erweckt, es handle sich tatsächlich um die Vorgeschichte des Königs David, von dessen Aufstieg zum Königsthron direkt anschließend im Buch Samuel erzählt wird. In der hebräischen Bibel hingegen gehört das Buch Rut zu den Schriften, genauer zu den Schriftrollen, die den jüdischen Festtagen zugeordnet werden. Wohl wegen der Szenerie rund um die Gerstenernte begleitet die Geschichte von Rut das Wochenfest *Schawuot*, das als Erntedankfest, als Dank für die Fürsorge Gottes, vor allem aber als Fest der Gabe der Tora gefeiert wird, in der es nicht zuletzt um die Bundestreue, die Solidarität Gottes mit Israel, geht. Alles das macht ja das eigentümliche Webmuster des Textes der Schriftrolle aus, die von Rut und Noomi und Boas erzählt und von Betlehem, dem „Haus des Brotes", in dem schließlich König David geboren und aus dem am Ende der neue „Gesalbte Gottes", der Messias, erwartet wird.

So sehr nun dieser Text über die Dimension einer Zweierbeziehung hinausgeht, so sehr ist er aber doch auch eine Geschichte über die Liebe nicht nur in ihrer sozialen Form. Zu der Sinnlichkeit der Szenerie, die Rut und Boas umgibt, gehören eben auch Erotik und Sexualität. Das hat die christliche Überlieferungstradition ebenso verdrängt wie die rabbinischen Kommentatoren. (Text I) „Niemand sollte denken, dass hier etwas abging, was nicht koscher war und somit die Ehre von König Davids Urahnen befleckte", spottet Meir Shalev.[7] Denn die Bitte des Boas: „Bleib liegen bis zum Morgen!" wird eifrig „entschärft". So erklärt Raschi: „Liege bis zum Morgen – ohne Mann", und fügt hinzu: „Boas schwor, er würde ihr nicht beiwohnen, außer durch Heirat." „Der Midrasch gibt uns noch eine rührende Beschreibung, wie Rut sechs geschlagene Stunden lang zu Boas' Füßen lag, und er lag die ganze Nacht flach auf dem Gesicht und sagte: ‚Herr der Welt, dir ist offenbar und bekannt, dass ich sie nicht berührt habe!'"[8] Die Zurückhaltung, die im Text selbst geübt wird, hat die Fantasien von Männern und Frauen in unterschiedlicher Weise angeregt. Interessanterweise findet sich die „jugendfreie" Version nicht nur in rabbinischen Kommentaren und „biblischen Geschichten", sondern auch in feministischen Darstellungen, welche die Rut-Boas-Beziehung zugunsten der Betonung der Frauenfreundschaft ins Abseits befördern. Nun haben die verschiedenen Leserinnen und Leser zweifellos das Recht, die ihnen wesentlichen Aussagen aus ihren jeweils unterschiedlichen Perspektiven wahrzunehmen. Doch die Ganzheitlichkeit biblischer Texte, die immer wieder politische und soziale, religiöse und kulturelle, körperliche und sinnliche Dimensionen wechselseitig ins Spiel bringen, fordert eine mehrdimensionale Wahrnehmung, die einseitige Deutung und Moral im Grunde verbietet.

VI.

Betrachtet man die im Buch Rut erzählte Geschichte unter dem Gesichtspunkt der Mehrdimensionalität, lassen sich unterschiedliche Erzählstränge und Absichten erkennen, die auf kunstvolle Art und Weise miteinander verbunden werden. Da wird natürlich im Zentrum des Ganzen eine Liebesgeschichte, mit allem, was dazu gehört, erzählt, deren anrührende und poetische Kraft Maler und Dichterinnen inspiriert hat. (Text II) Diese Geschichte wird eingerahmt von einer Frauengeschichte, in der es um Freundschaft und Solidarität geht (Abb. 1) und mit der neue Lebensperspektiven für die Einzelnen und für die Menschengemeinschaft eröffnet werden. In all dem geht es schließlich um das Grundthema der Treue Gottes zu den Men-

Abb 1: Rut, Naomi und Orpa

schen, die sich jedoch konkretisiert in der Treue und Solidarität, die sich Menschen untereinander gewähren. Sie ist die Basis für die Liebe in ihren unterschiedlichen Variationen und Erscheinungsformen. Sie ist aber auch die Basis für die Perspektive der Erlösung, die zunächst als Befreiung aus der Schulden- und Armutsfalle erhofft wird, dann aber auch in die messianische Vision von dem Erlöser aus individueller und struktureller Schuldverstrickung eingeht. Mit dieser Vision weist das Buch Rut über die Geschichte selbst hinaus. Der Sohn der Rut und der Noomi wird nicht nur den ersten Gesalbten Gottes, David, hervorbringen, sondern auch den endzeitlichen Messias, der aus dem Geschlecht Davids erwartet wird. Damit ist Rut, die Moabiterin, nicht nur die Urgroßmutter Davids; sie wird am Beginn des Matthäusevangeliums als Ahnfrau des Messias ausdrücklich in den Stammbaum Jesu aufgenommen. Dabei weisen die Geburtsgeschichten des Obed und des Jesus erstaunliche Parallelen auf. Die Schwangerschaft wird als von Gott gewirkt beschrieben, und an der gesamten Geburtsgeschichte sind im Wesentlichen und fast ausnahmslos Frauen beteiligt. Der Name des Sohnes Obed bedeutet „Knecht“, eine Bezeichnung, die in den Gottesknechtsliedern dem endzeitlichen Retter zugeschrieben wird und die zur Deutekategorie für die Messianität Jesu wurde. All diese verschiedenen Stränge ergeben ein Webmuster von so außerordentlicher Dichte und Komplexität, dass das Buch Rut in seiner Endfassung wohl erst spät, in nachexilischer Zeit, fertiggestellt worden ist. In ihm wird der Heilsuniversalismus ebenso angedacht wie die messianische Perspektive von unten, welche die Rettung nicht mehr von dem königlichen David, sondern von dem Knecht Gottes erwartet.

VII.

Ist das Buch Rut eine Geschichte von Männern oder von Frauen? Sicher hat sie patriarchalische Züge ebenso wie deutliche Spuren von Frauenperspektiven. Judith Plaskow hat ähnlich wie Elisabeth Schüssler Fiorenza darauf hingewiesen, dass die biblischen Texte insgesamt sicher androzentrisch bestimmt sind und patriarchalische Funktionen haben. Insofern kritisieren feministische Interpretationen zu Recht, dass die Frauen, die im Buch Rut auftreten, in ihren traditionellen Rollen verharren und letztlich doch wieder einen Mann brauchen, um zu ihrem Recht zu kommen. Doch mit dieser „Hermeneutik des Verdachts“ wird nur ein Teilaspekt des Ganzen wahrgenommen. „Auch wenn jüdische Quellen mit Misstrauen betrachtet werden müssen“, schreibt Judith Plaskow, „es sind doch die einzigen Quellen, die wir haben.“ Sie plädiert dafür, dass sich Feministinnen „die jüdischen Quellen nicht einfach nur als Zeugnisse für die Unterdrückung der Frauen aneignen, sondern auch als ‚Zeugnisse der Befreiung und des religiösen Handelns‘. Eine ‚Hermeneutik des Erinnerns‘ beharrt darauf, dass dieselben Quellen, die mit Misstrauen zu betrachten sind, auch für die Rekonstruktion der Geschichte der jüdischen Frauen verwendet werden können.“[9]

Dass insbesondere in der Geschichte von Rut und Noomi Frauenerfahrungen verdichtet und dargestellt werden, steht außer Frage. Welchen Stellenwert aber hat sie gegenüber der Geschichte von Rut und Boas? Sicher stehen beide Geschichten gleichwertig nebeneinander; aber die Frauengeschichte bildet den Auftakt und gibt am Ende den Ausblick auf die messianische Perspektive. Die Frauen geben den Grundton der Solidarität vor, in den Boas einstimmt. Er ist in dieser Hinsicht beinahe das biblische Musterbeispiel eines „neuen“ Mannes, der zu weiblichen Verhaltensweisen fähig ist. Männer wie Frauen sollen im solidarischen Handeln ihr Menschsein gewinnen. Der unbekannte Löser hingegen, der sich der Solidarität verweigert, wird aus dem Gedächtnis gestrichen. Er heißt „im Hebräischen ‚Ploni Almoni', das biblische Äquivalent zu Müller oder Maier, ein Name, der eindeutig ein Incognito ist und den offensichtlich auf Anonymität bedachten Käufer schützen soll ... Der Mann, der es ablehnte, seine familiäre Pflicht zu tun und den Namen seines verstorbenen Verwandten zu bewahren, ist der Geschichtsschreibung nicht einmal einen Namen wert. Er bleibt der anonyme Ploni Almoni. Dabei hätte er der Urahn Davids und des Messias werden können.“[10]

Es ist Boas, dem diese Ehre zuteil wird, doch um das neugeborene Kind, das Noomi von der Kinderlosigkeit erlöst und ihr das Leben zurückgibt, und um den Löser, der zum Erlöser wird, stehen die Frauen der Geschichte. Ohne ihr solidarisches Handeln wäre dieses Kind weder gezeugt noch geboren worden. Die Heilsgeschichte Gottes mit seinem Volk ist, wie in so vielen biblischen Frauengeschichten, von Frauen vorangebracht worden. In ihrem gemeinsamen Handeln erweist sich die Kraft der Schwachen, die sich nicht zurückdrängen lässt und die sich endlich durchsetzen wird, wenn der Messias das Werk der Erlösung vollendet.

Texte

I.

In der Bibel sind nicht wenige Dreschplätze erwähnt, doch der berühmteste von allen dürfte der Gerstendreschplatz in Betlehem sein. Dort hatte der Gutsbesitzer Boas sein erstes Tête-à-tête mit der Moabiterin Rut. Wie eine Horde schockierter alter Jungfern versammeln sich die jüdischen Kommentatoren um diesen romantischen Ort und dreschen mit ihren Gesetzen und Vorschriften bezüglich Leviratsehe und Konversion los, bis sie den ganzen Saft aus dieser herrlichen Geschichte herausgepresst haben und nichts von ihrer knackigen Frische übrig bleibt.

Kaum ist klar, dass Rut die Nacht mit Boas allein auf dem Dreschplatz verbringen wird, signalisieren die jüdischen Kommentatoren Alarmstufe Rot. Unsere Weisen wussten genauso gut wie wir, dass der Dreschplatz ein der Romantik höchst förderlicher Ort war. Sie mussten also ihr ganzes Inventar an haarspalterischen Interpretationsmethoden aufbieten, damit in den Köpfen der Leser keine falschen Vorstellungen entstünden ... Raschi erklärt gleich zu Anfang, Boas habe auf dem Boden gesessen und „die Tora studiert". Dann schiebt er schnell hinterher, Boas habe seine Hand auf Ruts Kopf gelegt und erkannt, dass sie eine Frau sei. Auch der mittelalterliche Exeget Ibn-Esra fürchtet, Boas habe das Wesen, das da neben ihm lag, auf unanständige Weise untersucht. „Möglicherweise sagte sie zu ihm, er solle sich nicht fürchten, und eine Frauenstimme wird immer erkannt. Oder vielleicht konnte er im Mondlicht sehen, dass sie keinen Bart hatte, oder er erkannte sie an ihrer Kleidung." Und im Midrasch Rut Rabbáti wird den beiden gleich ein ganzer halachischer Diskurs zugeschrieben: „Er sagte zu ihr: ‚Wer bist du, ein Geist oder eine Frau?' Da sagte sie: ‚Eine Frau.' Da fragte er sie: ‚Ledig oder die Frau eines Mannes?' Sie sagte: ‚Ledig'. ‚Rein oder unrein?' Sie sagte ihm: ‚Rein'." Apologetischer Ausgangspunkt sämtlicher Kommentare ist das Thema der Auslösung: Angeblich sei Rut zu Boas gekommen, um ihm das Problem zu unterbreiten. Zwischen den Zeilen des Bibeltextes ist jedoch herauszulesen, dass Boas in dem Moment, als er erwachte, sofort wusste, dass eine Frau neben ihm lag. Das „du" in seiner Frage „Wer bist du" steht im Femininum und beweist, dass Rut nahe genug neben ihm gelegen haben muss, dass er seine Bettpartnerin weder mit einem Geist noch mit einem Bartträger hätte verwechseln können. Die gelehrigen Kommentare, welche die Weisen Israels aller Generationen zu den Themen Leviratsehe und Auslösung, Reinheit und Unreinheit abgegeben haben, dürften in diesem Moment das Letzte gewesen sein, was Rut und Boas interessierte.

Aus: Meir Shalev, Der Sündenfall – ein Glücksfall? Alte Geschichten aus der Bibel neu erzählt. Aus dem Hebräischen von Ruth Melcer.

II.

RUTH
Und du suchst mich vor den Hecken.
Ich höre deine Schritte seufzen
Und meine Augen sind schwere dunkle Tropfen

Und meiner Seele blühen süß deine Blicke
Und füllen sich,
Wenn meine Augen in den Schlaf wandeln.

Am Brunnen meiner Heimat
Steht ein Engel,
Der singt das Lied meiner Liebe,
Der singt das Lied Ruths.

BOAS

Ruth sucht überall
Nach goldenen Kornblumen
An den Hütten der Brothüter vorbei –

Bringt süßen Sturm
Und glitzernde Spielerei
Über Boas' Herz;

Das wogt ganz hoch
In seinen Korngärten
Der fremden Schnitterin zu.

Anmerkungen

1 Erich Zenger, Das Buch Ruth, Zürcher Bibelkommentare, Zürich 1986, S. 40f.
2 Ebenda, S. 43.
3 Meir Shalev, Der Sündenfall – ein Glücksfall? Zürich 1999, S. 144.
4 Ebenda, S. 145f.
5 Ebenda, S. 152.
6 Kerstin Bütow/Ulrike Kroneck, Bildungsschatz Bibel, Altes Testament, Neukirchen Vluyn 2003, S. 122.
7 Ebenda, S. 147.
8 Ebenda, S. 150.
9 Judith Plaskow, Und wieder stehen wir am Sinai, Luzern 1992, S. 39f.
10 Jonathan Magonet, Schöne – Heldinnen – Narren, Gütersloh 1996, S. 69f.

Befreiungskampf und Geschlechterkampf

Die Geschichte von Judit und Holofernes

I.

„Judit trat an das Lager des Holofernes und betete still: Herr, du Gott aller Macht, sieh in dieser Stunde gnädig auf das, was meine Hände zur Verherrlichung Jerusalems tun werden. Jetzt ist der Augenblick gekommen, dass du dich deines Erbbesitzes annimmst und dass ich mein Vorhaben ausführe, zum Verderben der Feinde, die sich gegen uns erhoben haben. Dann ging sie zum Bettpfosten am Kopf des Holofernes und nahm von dort sein Schwert herab. Sie ging ganz nahe zu seinem Lager hin, ergriff sein Haar und sagte: Mach mich stark, o Herr, du Gott Israels, am heutigen Tag! Und sie schlug zweimal mit ihrer ganzen Kraft auf seinen Nacken und hieb ihm den Kopf ab. Dann wälzte sie seinen Rumpf von dem Lager und riss das Mückennetz von den Tragstangen herunter. Kurz danach ging sie hinaus und übergab den Kopf des Holofernes ihrer Dienerin, die ihn in einen Sack steckte." (Judit 13,4b–10a)

Diese Szene hat Judit berühmt gemacht. In der abendländischen Malerei wird sie seit der Renaissance in verschiedenen Deutungen zu einem Modell ebenso faszinierender wie Furcht erregender Weiblichkeit. Dabei kommen durchaus unterschiedliche Aspekte zum Tragen. Judit ist kühne Amazone und gefährliche Femme fatale (Abb. 1), aber auch Symbol kämpfe-

Abb. 1: August Riedel (1799-1883), Judith (1840)

rischer und selbstbewusster Weiblichkeit. Wie sie gesehen und dargestellt wird, hängt entscheidend von der Perspektive des Betrachters ab. Eins aber ist in den Bildern von Judit und Holofernes immer mehr oder weniger deutlich zu spüren: der Zusammenhang von Eros und Tod und die Zuspitzung der Gewaltgeschichte im Kampf der Geschlechter.

Dass starke Männer mit weiblichen Waffen, sprich mit listiger Verführung und Sexappeal, bekämpft und besiegt werden, hat auch eine lange literarische Tradition. Die biblische Geschichte von Samson und Delila ist in diesem Zusammenhang ebenso populär geworden wie die abenteuerlichen Gerüchte um Mata Hari. In historischen Romanen und Spionagethrillern haben weibliche Agenten ihren festen Platz. Und schließlich leben alle James-Bond-Filme von den Versuchen, den Helden mit verführerischen Lockvögeln zu Fall zu bringen – was freilich in diesem Fall nie gelingt, weil die Damen entweder zu dumm sind oder die Seiten wechseln.

Ist das Buch Judit also nur ein Stück spannende Literatur über einen Stoff, aus dem die Bestseller sind? Oder reiht sich die fromme Witwe ein in den Reigen der düsteren Bilder von Männer mordenden Frauen, die in Kunst und Literatur von Salome angeführt werden, die das Haupt Johannes' des Täufers fordert? Die Darstellungen der Judit spielen in unterschiedlicher Weise mit allen möglichen Assoziationen. Deshalb soll ihre Rolle nun etwas genauer beleuchtet werden.

II.

Die Szene der Enthauptung des Holofernes ist der schaurige Höhepunkt einer Geschichte, in der sich bereits ungeheure Gewalttätigkeiten abgespielt haben. Bevor die Heldin auf den Plan tritt, berichtet das Buch Judit sieben Kapitel lang über die Eroberungsfeldzüge des Großkönigs Nebukadnezzar und seines Feldherrn Holofernes, die eine grauenvolle Spur der Verwüstung hinterlassen. Was der König seinem Feldherrn befiehlt und was dieser ausführt, erinnert an die Ausrottungsbefehle und Vernichtungsbeschlüsse machtbesessener Kommandozentralen und ihre Durchführung durch gehorsame Vollstrecker eines zerstörerischen Wahns. Obwohl sich die Völker unterwerfen, werden ihre Städte geschleift, ihre Ernten vernichtet, ihre Heiligtümer zerstört, denn Nebukadnezzar will sich selbst als Gott verehren lassen. Allein Israel will sich diesem totalitären Machtanspruch nicht beugen und verweigert die Unterwerfung. Daraufhin zieht Holofernes mit einem riesigen Heer gegen die Israeliten und belagert die Stadt Betulia in der Ebene Jesreel, um danach weiter nach Judäa und Jerusalem vorzudringen. Kurz bevor die Bewohner der Stadt, von Wassermangel überwältigt, aufgeben wollen, entschließt sich die schöne und gottesfürchtige Witwe Judit zur befreienden Tat: „Ich will eine Tat vollbringen, von der man noch in fernsten Zeiten den Kindern unseres Volkes erzählen wird. Kommt diese Nacht an das Tor, wenn ich mit meiner Dienerin hinausgehe. Bevor die Frist abgelaufen ist, die ihr für die Übergabe der Stadt an unsere Feinde gesetzt habt, wird der Herr durch meine Hand Israel gnädige Hilfe bringen.“ (Judit 8,32f.)

Im Feldlager des Holofernes überzeugt die schöne und kluge Witwe durch ihre erotische Ausstrahlung und ihre kluge Rede, mit der sie ihren Seitenwechsel plausibel macht. Drei Tage lang gewährt ihr der Feldherr Privilegien und Schonung, am Ende des vierten Tages aber soll sie ihm gehören: „Es wäre wahrhaftig eine Schande für uns, wenn wir eine solche Frau gehen ließen, ohne mit ihr zusammen gewesen zu sein. Sie selber würde uns auslachen, wenn wir sie nicht an uns rissen." (Judit 12,12) Doch das Gelage, das die Schöne zu allem bereit machen soll, wird dem Verführer selbst zum Verhängnis: „Judit blieb allein in dem Zelt zurück, wo Holofernes, vom Wein übermannt, vornüber auf sein Lager gesunken war." Und dann geht alles ganz einfach.

Auch die abschließende Szene ist in die Kunstgeschichte eingegangen: Judit präsentiert das abgeschlagene Haupt des Feindes – den Israeliten ein Triumph, den Feinden ein Grauen, das sie in die Flucht treibt. „Niemand aber wagte mehr, die Israeliten zu beunruhigen, solange Judit lebte, und auch noch lange Zeit nach ihrem Tod." (Judit 16,25)

Judits Tat ist – das macht die Geschichte deutlich – ein Sieg auf mehreren Ebenen. Natürlich geht es in erster Linie um die Rettung Israels, um den Befreiungskampf eines kleinen Volkes, das eigentlich keine Chance gegen die Heere einer Weltmacht hat. Es geht aber auch um den Geschlechterkampf, um die Überwindung eines Mannes, der prototypisch für Männergewalt gegen Frauen steht. Und es geht insgesamt um den Erweis der Existenz und der Macht eines Gottes, den die Mächtigen zusammen mit seinem Volk vernichten wollen. Insofern lässt sich die Geschichte von Judit und Holofernes aus politischer, feministischer und theologischer Perspektive betrachten und auslegen.

III.

Judits Geschichte ist eine schwierige Geschichte, und Judit ist keine einfache Heldin. Denn sie ist verstrickt in die Gewaltverhältnisse und gewinnt ihre und Israels Befreiung, indem sie selbst Gewalt ausübt. Das macht sie suspekt bei all denen, welche die Anwendung von Gewalt prinzipiell ablehnen oder aber ausschließlich bei der Gegenseite wahrnehmen wollen. Entsprechend hat sie es nicht zu einer positiven Heldin gebracht; vielmehr hat sie eher dort ihren Platz gefunden, wo sie, berechtigt oder unberechtigt, zur Protagonistin eines gewaltsamen Vorgehens gegen die Nachfahren des Holofernes in späteren Zeiten erklärt wurde. Eine so geartete Deutung erfuhr die Geschichte der Judit unter anderem in der Zeit der Gegenreformation, für die Judit zum Sinnbild des rechtmäßigen Kampfes der katholischen Kirche gegen die abtrünnigen Ketzer wurde. 1580 rief Papst Gregor XIII. offen zum Mord an den protestantischen Herrschern auf. Königin Elisabeth von England bezeichnete er als „die Ursache von so großem Schaden am katholischen Glauben und am Verlust von Millionen Seelen ..., dass, wer immer sie aus dieser Welt befördert, mit der heiligen Absicht, Gott zu dienen, nicht nur keine Sünde begeht, sondern sich Verdienst erwirbt.“[1] Um 1599 malte Caravaggio die entscheidende Szene (Abb. 2), in der eine „keusche Heldin“, ein Mädchen in ihrer Sonntagstracht, das Strafgericht an dem Feind Gottes vollzieht. Die Ermordung Wilhelms von Oranien und Heinrichs des IV. wurde in dieser Perspektive mit der Tat Judits „zur Ehre Gottes“ verglichen und gerechtfertigt. Auch in den zeitgenössischen Pamphleten, die zum Ketzermord aufriefen, wurde Judit als Retterin der Kirche und nachahmens-

Abb. 2: Caravaggio (1573–1610), Judith und Holofernes (um 1599)

wertes Beispiel gefeiert.[2] Doch Judit erscheint auch als Heldin der Gegenseite. Schon Luther schätzte das Buch Judit als „gute, ernste, tapfere Tragödie“[3], und in den Dramen von Greff und Schonaeus, die in der Zeit der Konfessionskriege entstehen, wird die Bedrohung Israels mit der Verfolgung der Protestanten durch den Papst und die katholischen Herrscher gleichgesetzt, gegen die sich Judit zur Wehr setzt.

Wenige Zeit später malt Artemisia Gentileschi „Judith enthauptet Holofernes“ (Abb. 3) und setzt damit noch einmal einen neuen Akzent. Die Malerin, die selbst Opfer jahrelangen Missbrauchs und sexueller Gewalt gewesen ist, stellt die Ermordung des Holofernes als einen Akt weiblicher Rache und Selbstbefreiung dar, die Judit zusammen mit ihrer Dienerin ausführt. Damit weist sie auf einen Aspekt hin, der die Ge-

Abb. 3: Artemisa Gentileschi (1593–1652),
Judith enthauptet Holofernes (1612/13)

schichte von Judit und Holofernes zweifellos durchzieht: dass nämlich die Gewalt, der Holofernes zum Opfer fällt, die Antwort auf die Gewalt ist, die er und seinesgleichen unzähligen Frauen angetan haben und immer noch antun. Mehrfach wird im Buch Judit darauf hingewiesen, dass die Feldzüge und die Siege des Holofernes und seiner Soldateska mit hemmungsloser Gewalt gegen Frauen verbunden sind. Mit Judit begegnet er einer Frau, welche die Opferrolle verweigert und zurückschlägt.

Dieser Aspekt der Geschichte ist in den späteren Interpretationen des Buches Judit weitgehend übergangen worden. Literatur und Kunst des 19. und 20. Jahrhunderts behandeln eher das Drama der Geschlechterbeziehung in den Variationen Sexualität und Gewalt, Eros und Tod, Verführung und Verderben. Dass hier die Frau wieder zur Täterin wird, die in den Mittelpunkt einer gewalttätigen Geschichte rückt, ist nur folgerichtig auf dem Hintergrund einer von dem biblischen Text abrückenden, von Männern dominierten Interpretation. Was aber teilt uns die biblische Geschichte von Judit tatsächlich mit?

IV.

Das Buch Judit gehört nach jüdischem und protestantischem Verständnis zwar in die biblische Überlieferung, nicht aber zum Kanon der heiligen Schriften. Es steht in der Reihe der apokryphen Schriften, die nach Martin Luther „der Heiligen Schrift nicht gleichgehalten, und doch nützlich und gut zu lesen sind“[4]. Sie tauchen nicht unmittelbar im Kanon der hebräischen Bibel auf, wohl aber in der Septuaginta (LXX), der ältesten griechischen Übersetzung der alttestamentlichen Bücher. Von dort wurden sie vom Kirchenvater Hieronymos in die lateinische Übersetzung der Heiligen Schrift übernommen und stehen seither in der katholischen Bibel ebenso wie in der Einheitsübersetzung.

Die Apokryphen entstanden in einem Zeitraum zwischen 300 und 70 v. Chr. und geben ein Bild von der Situation und dem Selbstverständnis des jüdischen Volkes in der geschichtlichen Episode der hellenistischen Fremdherrschaft. Das Buch Judit ist etwa um das Jahr 150 v. Chr. geschrieben worden, vielleicht auch etwas später. Die Entstehung dieser Schrift fällt damit in eine Zeit, in der das jüdische Volk einmal mehr von fremder Gewaltherrschaft heimgesucht wird, und diese Erfahrung von Unterdrückung und Widerstand spiegelt das Buch Judit ähnlich wider wie die verschiedenen apokalyptischen Schriften, die ebenfalls in dieser Situation verfasst werden. Allen diesen Schriften ist gemeinsam, dass die Verfasser ihre gegenwärtige Situation in verschlüsselter Weise, durch einen Rückgriff auf vergangene Ereignisse und Personen, darstellen, um damit indirekt zum Widerstand gegen die Unrechtsherrschaft aufzufordern. Insofern erzählt das Buch Judit eine von Anfang bis Ende fiktive Geschichte. In ihr treten Mächte und Gestalten auf, die in der Geschichte Israels zu verschiedenen Zeiten und an unterschiedlichen Orten ihr Unwesen getrieben haben. Ninive, Assur, Nebukadnezzar sind bereits Codes für Mächte des Schreckens und Orte der Gewaltherrschaft. Holofernes, der die Bühne neu betritt, verkörpert den willfährigen Vollstrecker des Bösen, der anscheinend unaufhaltsam ist – bis ihm Judit, die „Jüdin", entgegentritt. Wer aber ist gemeint mit den Guten und den Bösen, mit den Tätern und den Opfern, mit dem mörderischen Feldherrn und der frommen Widerstandskämpferin?

Das 2. Jahrhundert v. Chr. ist für die Juden in Israel eine Zeit existenzieller Gefährdung. Vor allem die Zwangshellenisierung durch den Seleukidenherrscher Antiochus IV. Epiphanes (175–164) erweist sich als bedrohlicher Angriff auf die jüdische Identität. Unter seiner Herrschaft wird der Jerusalemer Tempel durch ein Standbild des Zeus Olympius entweiht und geplündert und die Praktizierung des jüdischen Glaubens gewaltsam verfolgt. Hatten die Großmächte früherer Zeiten das Land, die Steuern, die Arbeitskraft der Besiegten für sich gefordert, so verlangt der hellenistische Imperator nun auch die Seele und das Gewissen der Unterworfenen und wird damit zu einem ersten Repräsentanten totalitärer Herrschaft. Der Verlust seiner religiösen Identität aber wäre das Ende des jüdischen Volkes. Deshalb ist der Widerstand nicht nur gerechtfertigt, sondern notwendig, ja überlebenswichtig. Eine Widerstandsbewegung formiert sich, die unter der Leitung von Judas Makkabäus den Aufstand wagt. Nach opferreichen Kämpfen, von denen die beiden ebenfalls apokryphen Makkabäerbücher berichten, erhalten die Juden Autonomie und Religionsfreiheit zurück. Im Jahre 164 v. Chr. wird der Tempel gereinigt und neu geweiht. Das achttägige Chanukkafest erinnert bis heute daran.

Aus dieser Zeit stammt das Buch Judit – ein Stück Literatur, das den jüdischen Widerstand fordert und feiert. Dieser Widerstand wird von einer Frau verkörpert, die zugleich ein Symbol der gesetzestreuen Judenheit ist. So genau sind die – unter Antiochus IV. verbotenen! – frommen Gebräuche beschrieben, dass man an ihnen in späteren Zeiten Einblick erhalten konnte in die jüdische Lebenswelt des zweiten Jahrhunderts vor der Zeitenwende. Judit befindet sich in Trauerklage um ihren Mann, hält die regelmäßigen Gebetszeiten ein, enthält sich heidnischer Speisen und badet sich jeden Abend in fließendem Wasser. Schließlich vollbringt sie die entscheidende Befreiungstat, die dem Volk Israel für einige Zeit Ruhe gewährt. Die Geschichte will deutlich machen, dass der Widerstand mit der Bewahrung des jüdischen Glaubens beginnt und aus ihm seine Kraft erhält. Judit ist nicht nur „die Jüdin“, sie ist das Judentum!

V.

Das Buch Judit ist also zuerst die Geschichte vom erneuten wunderbaren Überleben jenes Israel, das immer wieder von Gewalt und Vernichtung bedroht ist und doch, trotz alledem, seine Existenz behauptet. Diese Erfahrung von Bedrohung und Errettung wird im Buch Judit selbst bereits ausgeführt, und zwar von dem ammonitischen Heerführer Achior, der im Kriegsrat des Nebukadnezzar vor dem Angriff auf Israel warnt. Seine Rede enthält die gesamte Geschichte Israels bis zu dem Zeitpunkt der Abfassung des Textes, und seine Argumentation läuft darauf hinaus, dass Israels Niederlagen nichts anderes gewesen seien als ein Strafgericht Gottes gegen das sündige Volk, dass aber immer dann, wenn Israel seinem Gott vertraut und seiner Weisung gehorcht, auch übermächtige Feinde keine Chance gegen Israel und seinen Gott haben werden. Hier wird eine Argumentation aufgenommen, mit der schon die Propheten auf die Katastrophen Israels und auf die Frage: „Wie kann Gott das zulassen?“ geantwortet haben. Das Unglück, das über Israel kommt, stellt weder die Existenz des Gottes Israels noch seinen Heilswillen infrage, denn es wurde von den Menschen selbst herbeigeführt. Rettung und Bewahrung dagegen sind nicht Verdienst des Volkes, sondern Beweis für die Existenz und die Treue Gottes zu seinem Volk. Dass aber Gott den Glauben und die Tat von Menschen braucht, um rettend in die Geschichte einzugreifen, ist das Thema aller biblischen Rettergeschichten, deren Helden nicht nur Männer sind. In besonders dramatischen Situationen sind es Frauen, die dafür Sorge tragen, dass die Geschichte Gottes und seines Volkes weitergeht.

Das Lied Judits, mit dem die Erzählung endet, weist auf diesen Zusammenhang von Gottes Rettungstat und Judits Glaubensstärke hin. Während das Volk der Retterin zujubelt, ruft Judit die Menschen auf, mit ihr in das Lob Gottes einzustimmen: „Denn der Herr ist ein Gott, der den Kriegen ein Ende setzt, er führte mich heim in sein Lager inmitten des Volkes und rettete mich aus der Gewalt der Feinde. ... Er gab sie der Vernichtung preis durch die Hand einer Frau. Ihr Held fiel nicht durch die Kraft junger Männer, nicht Söhne von Riesen erschlugen ihn, noch traten ihm hohe Recken entgegen. Nein, Judit, Merais Tochter, bannte seine Macht ...“ (Judit 16,4f.7f.) Was hier anklingt, zieht sich wie ein roter Faden durch die Geschichte Israels: Es ist das Motiv der Kraft der Schwachen und die Offenbarung eines Gottes, der seine Kraft in den Schwachen mächtig sein lässt. Zugleich soll hier noch einmal eingeschärft werden, dass sich Israel nicht auf seine militärische Stärke verlassen soll, sondern seine eigentümliche Kraft allein aus der Bewahrung seiner Glaubenstreue schöpft. In der Zeit des Widerstands gegen die Zwangshellenisierung und der Aufstände gegen eine übermächtige Großmacht ist dieser Gedanke von entscheidender Bedeutung. Auch die Machtlosen können sich wehren. Gott wird ihnen zur Seite stehen, wenn sie an seinen Geboten festhalten.

VI.

Die Geschichte von Judit ist nun aber auch eine ausgesprochene Frauengeschichte. Wer sie verfasst hat, wissen wir nicht. In der Frauenforschung und der sozialgeschichtlichen Exegese wird aber inzwischen nicht mehr ausgeschlossen, dass es in der biblischen Tradition eine beträchtliche Anzahl von Texten gibt, die aus der Perspektive von Frauen geschrieben worden sind. Das Buch Judit könnte also durchaus auch von Frauen (mit-)verfasst worden sein.

Was auffällt, ist, dass bereits das Kriegsgeschehen weitgehend aus der Perspektive der zivilen Opfer, das heißt der Frauen und Kinder, geschildert wird. Immer wieder wird die Furcht vor einem Feind sichtbar, der „die Kinder raubt" und „die Frauen als Beute verteilt" (Judit 4,9). Ausführlich wird die Strategie des feindlichen Heeres dargestellt, bei der Eroberung Betulias keinen eigenen Soldaten zu opfern, sondern die Stadt zu belagern und die Wasserzufuhr abzuschneiden: „Dann werden sie mit ihren Frauen und Kindern vor Hunger verschmachten, und bevor noch das Schwert über sie kommt, werden sie hingestreckt auf den Gassen vor ihren Häusern liegen." (Judit 7,14)[5] Was durch siegreiche Soldaten den Frauen angetan wird, beschreibt das Gebet Judits in grausamer Ausführlichkeit: „Herr, du Gott meines Stammvaters Simeon! Du hast ihm das Schwert in die Hand gegeben zur Bestrafung der Fremden, die den Gürtel der Jungfrauen lösten, um sie zu beflecken, die ihre Schenkel entblößten, um sie zu schänden und ihren Schoß zu entweihen zu ihrer Schande. Du hattest nämlich geboten: Das darf nicht geschehen. Und dennoch taten sie es." (Judit 9,2) So erleben Frauen den Krieg als wehrlose Opfer, als Beute, denen

Menschenrecht und Menschenwürde abgesprochen wird.[6] In diesem Kontext erscheint Judit als Vertreterin des Stammvaters Simeon, die an seiner statt, im Auftrag Gottes, der Gewalt entgegentritt, die insbesondere den Frauen angetan wird. In dieser Hinsicht steht sie an der Seite Jaëls, von der das Lied der Debora im Richterbuch berichtet. Auch hier sind es Frauen, die in aussichtsloser Lage den Widerstand gegen übermächtige Feinde organisieren: die Richterin Debora, die den Heerbann ausruft, und Jaël, die den feindlichen Feldherrn in ihrem Zelt aufnimmt, überlistet und tötet. „Er hatte Wasser verlangt, sie gab ihm Milch, in einer prächtigen Schale reichte sie Sahne. Ihre Hand streckte sie aus nach dem Pflock, ihre Rechte nach dem Hammer des Schmieds. Sie erschlug Sisera, zermalmte sein Haupt, zerschlug und durchbohrte seine Schläfe. Zwischen ihren Füßen[7] brach er zusammen, fiel nieder und lag da." (Richter 5,25–27a) Ähnlich wie bei Judit findet auch hier der entscheidende Gewaltakt der Frau als Abwehr gegen Männergewalt statt. Doch ist diese Aktion eingeordnet in den Kampf um die Befreiung nicht nur der Frauen und für das Ende der Gewalt gegen Frauen und andere Menschen. Deshalb lässt sich die Tat Jaëls ebenso wie die Tat Judits nicht auf den Kampf der Geschlechter reduzieren. Es geht um die Befreiung des ganzen unterdrückten und bedrohten Volkes. Dennoch wird die Rolle der Frauen in diesem Befreiungskampf in besonderer Weise hervorgehoben. Sie kämpfen auch, aber nicht nur mit weiblichen Waffen, und sie kämpfen in aussichtslosen Situationen ohne die Männer und für die Männer mit. Nicht der Kampf der Frauen gegen die Männer steht im Vordergrund. Aber in der Befreiung Israels vollzieht sich gleichzeitig ein Akt der Befreiung der Frauen. Sie, die durch die Jahrhunderte immer wieder

Objekte, Beute der Sieger sind, werden zu handelnden Subjekten, die endlich einmal über Männermacht und Männergewalt triumphieren.

Dieses neue Bewusstsein von Frauenmacht und Frauensolidarität kommt am Ende der Geschichte von Jaël und Judit auch darin zum Ausdruck, dass sie vor allem von Frauen gefeiert werden. Frauen, deren traditionelle Aufgabe darin besteht, die Taten ihrer siegreichen Männer zu besingen, singen nun Lieder für sich und über sich selbst. Im Debora-Lied werden die Frauen zu einem Loblied für Jaël aufgefordert, und in der Geschichte von Judit heißt es: „Alle Frauen in Israel eilten herbei, um Judit zu sehen, und sangen ihr Lob." (Judit 15,11) Doch die Erzählung von Judit ist damit noch nicht zu Ende. Sie wird abgeschlossen mit dem Loblied, das Judit mit den Israeliten für Gott singt: „Ich singe meinem Gott ein neues Lied; Herr, du bist groß und voll Herrlichkeit. Wunderbar bist du in deiner Stärke, keiner kann dich übertreffen." (Judit 16,15f.) Es ist der gleiche Gott, von dem Judit zuvor in ihrem Gebet sagt: „Deine Macht stützt sich nicht auf die große Zahl, deine Herrschaft braucht keine starken Männer, sondern du bist der Gott der Schwachen und der Helfer der Geringen; du bist der Beistand der Armen, der Beschützer der Verachteten und der Retter der Hoffnungslosen." (Judit 9,13)

VII.

Die Geschichte von Judit und Holofernes bleibt trotz allem eine Geschichte von Gewalt und Gegengewalt, die auch verstörende Züge trägt. Es bleibt eine Ahnung davon, dass auch Gewalt, die im Befreiungskampf eingesetzt wird, die Gewaltgeschichte selbst nicht zu einem Ende bringt. Und doch wird immer wieder zu bedenken sein, dass aus der Perspektive der Opfer die gewaltsame Beseitigung gewalttätiger Machthaber die einzige Möglichkeit ist, konkret bedrohte Menschenleben zu retten. „Ich hatte wenig Zugang zu dieser blutrünstigen Geschichte", schreibt Dorothee Sölle, „mein Missbehagen schwand aber, als ich eine Parallelgeschichte aus unserer Zeit hörte."[8] Es ist die Geschichte von Nora Astorga, einer Rechtsanwältin aus Nicaragua, welche die sandinistische Bewegung im Kampf gegen die Diktatur des Somoza-Clans unterstützte. Sie gewährte General Vega, einem berüchtigten Folterer des Geheimdienstes, ein Rendezvous, bei dem er betrunken gemacht, entführt und gegen politische Gefangene ausgetauscht werden sollte. Er wurde erschossen, als er versuchte, die Frau zu vergewaltigen. „Auch diese Judit hat ihr persönliches Schicksal der Sache der Befreiung ihres Volkes untergeordnet. Auch sie setzte ihre sexuelle Anziehungskraft als Waffe ein. Auch ihr wurden strategischer Überblick, Entschlossenheit und Mut nachgesagt. Wenn von Judit erzählt wurde, dass keine Furcht in Israel herrschte, solange Judit lebte, so lässt sich vielleicht auch von dieser ungewöhnlichen Frau aus Zentralamerika sagen, dass sie die Furcht der armen Leute in ihrem Land für kurze Zeit vermindert hat."[9]

Für Menschen, die unter totalitären Machtsystemen und ungezügelter Gewaltherrschaft zusammenzubrechen drohen, ist die Geschichte von Judit eine Hoffnungsgeschichte. Sie wird es so lange bleiben, bis die Gewaltgeschichte selbst an ein Ende gekommen ist.

Anmerkungen

1 Rose-Marie und Rainer Hagen, Bildbefragungen, Alte Meister im Detail, Köln 1994, S. 70.
2 Ebenda.
3 Große Frauen der Bibel, Freiburg, Basel, Wien 1993/1997, S. 216.
4 In: Jerusalemer Bibellexikon, hg. von Kurt Henning, Neuhausen-Stuttgart 1990, S. 57.
5 Von der gleichen menschenverachtenden Logik war der Befehl an die deutsche Wehrmacht bestimmt, die Stadt Leningrad nicht zu erobern, sondern mit einem Belagerungsring einzuschließen. Eine Million Menschen starben an Hunger und Kälte.
6 Massenvergewaltigung als Kriegswaffe ist nach dem neuen Bericht der UNO auch in den Kriegsgebieten der Gegenwart eine der häufigsten Menschenrechtsverletzungen.
7 Zu dieser Übersetzung kommt mit überzeugenden Argumenten Jürgen Kegler in: Debora – Erwägungen zur politischen Funktion einer Frau in einer patriarchalischen Gesellschaft, in: Traditionen der Befreiung 2, Frauen in der Bibel, hg. von Willy Schottroff und Wolfgang Stegemann, München 1980.
8 Große Frauen der Bibel, a. a. O., S. 213.
9 Ebenda.

Sie können uns helfen, Ihre Wünsche und Anregungen künftig noch besser zu berücksichtigen. Dazu beantworten Sie uns bitte folgende Fragen. Als kleines Dankeschön verlosen wir unter allen Einsendern viermal im Jahr ein Buchpaket mit 10 frei auswählbaren Büchern.

Diese Karte habe ich dem Buch entnommen:

____

Ich bin auf dieses Buch aufmerksam geworden durch:

- ❍ Prospekt ______________
- ❍ Anzeige in ______________
- ❍ Buchbesprechung in ______________
- ❍ Empfehlung von Freunden/Bekannten/Kollegen
- ❍ Homepage des Verlags ______________
- ❍ Internet allgemein ______________
- ❍ Buchhandlung ______________
- ❍ Ich habe das Buch geschenkt bekommen

Wie hat Ihnen das Buch gefallen?

Mich interessieren aus dem Programm besonders:

- ❍ Topos Premium
- ❍ Geschenk
- ❍ Lebenswissen – Lebenssinn
- ❍ Spiritualität
- ❍ Sachbuch
- ❍ Biografien
- ❍ ______________

Zu diesem Thema sollte Topos Taschenbücher ein Buch in sein Programm aufnehmen:

____

____

Weitere Anmerkungen:

Madonna, Muttergöttin, Menschenfrau?

Zur Geschichte der Maria aus Nazaret

I.

Maria ist wieder gefragt, obwohl sie über zweitausend Jahre alt ist. Sie ist offenbar erstaunlich jung geblieben. Immer wieder hat sie sich verjüngt und angepasst. Auf diese Weise hat sie die Geschichte des Abendlandes begleitet: in der Kirche, in der Kunst, in den Andenkenläden.

Maria ist immer mit der Mode gegangen. Gotisch streng oder in rundlichem Barock, höfisch-selbstbewusst oder ländlich-sittlich kommt sie daher. Sie verkörpert das jeweilige Frauenideal einer Epoche, ob in Holz, in Gips oder in Marzipan. Zu ihren Ehren hat man Lieder erdacht, die voll schwülstiger Inbrunst sein können, aber auch von ergreifender Schönheit und Innigkeit. (Text I) Als einzige Frau hat sie es zu ein paar kirchlichen Dogmen gebracht und zu einer eigenen Abteilung in den Regalen christlicher Buchhandlungen, nicht nur der katholischen. Denn Maria hat noch einmal eine neue Karriere gemacht. Ihr Siegeszug erreicht nun auch ein Gebiet, das bisher gegenüber der Maria und der Marienverehrung chronisch resistent gewesen ist: den Protestantismus und den Feminismus.

Worin besteht Marias Erfolgsgeheimnis? Was sind die Hintergründe des alten und neuen Marienkults?

II.

Die traditionelle Marienverehrung der katholischen Kirche hat Maria, der „Mutter Gottes", eine Mittlerstelle zwischen Gott und den Menschen zugewiesen. Sie ist nicht selbst göttlich, aber menschliches „Gefäß" des Göttlichen, des „Gottessohnes". Ihre Mittlerrolle ist durch die Jahrhunderte hindurch gerade vom Kirchenvolk dankbar angenommen worden. Je stärker in der alten Kirche das Dogma von der „göttlichen Natur" Christi Platz greift, umso mehr wird Maria, „unsere liebe Frau", zur eigentlichen menschlichen Ansprechpartnerin für die vielfältigen Sorgen und Bitten der Gläubigen. Von ihr erwartet man Schutz und Gnade, Rettung und Fürsprache. Insbesondere Frauen erwarten von ihr das Verständnis, das Männer nicht aufbringen, und sehen sich durch sie vertreten. Maria ist weibliche Repräsentations- und Identifikationsfigur, sie ist das Gegengewicht zur Männerherrschaft im Himmel und auf Erden. (Text II)

Aber die irdische Männerkirche hat ihre eigene Strategie, weibliche Gegenkräfte zu kanalisieren. Maria kann man nicht abschaffen. Also darf Maria ihre Macht behalten. Doch sie wird ihrer Weiblichkeit beraubt. Sie wird zur Madonna hochstilisiert und verkörpert damit die Traumfrau des Patriarchats: Sie ist, in makelloser Reinheit, Jungfrau und Mutter zugleich.

Es ist nicht nur die im 5. Jahrhundert formulierte Lehre von der „immerwährenden Jungfräulichkeit", die das Marienbild der Kirche insgesamt geprägt hat. Die Weiterentwicklung dieser Vorstellung, die zunächst vor allem die „göttliche Natur" Christi herausstellen sollte (Text III), führte in der mittelalterlichen und der nachreformatorischen katholischen Kirche zu einer eigenen Marienlehre. In ihr entwickelt sich durch die Verbindung der altkirchlichen Mariologie mit einer sexualfeindlichen kirchlichen Tradition ein neues marianisches Frauenbild. Aus der „Jungfrau" wird die „Immaculata", jenes ausnahmsweise „sündlos empfangende" und damit zeitlebens reine, unbefleckte Frauenwesen, das, in den himmlischen Unschuldsfarben blau und weiß, von Fatima bis Lourdes die Marienaltäre der Neuzeit beherrscht.

Im aufklärungs- und emanzipationsanfälligen 19. Jahrhundert ist der katholischen Kirche dieses Marienbild ein Dogma wert. Papst Pius IX. verkündet im Jahre 1854 „die Lehre, dass die allerseligste Jungfrau Maria im ersten Augenblick ihrer Empfängnis aufgrund einer besonderen Gnade und Auszeichnung vonseiten des allmächtigen Gottes ... von jedem Makel der Erbsünde bewahrt blieb"[1]. Er war nicht der erste und leider auch nicht der letzte Papst, der von der Madonna sehr viel, von Frauen aber sehr wenig hielt.

Tatsächlich hat die Madonna ihren Anteil an der Unterdrückung der Frauen in der Kirche und durch die Kirche der Männer gehabt. Neben ihr sind alle realen Frauen unvollkommen. Ihnen fehlt – mehr oder weniger –, was Maria angeblich hat: Reinheit, Gehorsam, Demut. Dafür haben sie, was Maria angeblich fehlt: eine eigene, unberechenbare weibliche Sexualität und eine fremde, für Männer so schwer zu durchschauende und deshalb schwer zu ertragende weibliche Psyche, die nun mithilfe Mariens gebändigt werden kann: „Die marianische Bewegung und die Verdammung der Frau, des sündhaften Fleisches, gehören vom 12. bis zum 20. Jahrhundert eng zusammen", schreibt der katholische Theologe und Psychologe Johannes Thiele, „Maria wird in der männlichen Psyche zum Siegessymbol klerikaler Macht. Sie tritt auf die verführerische Schlange, auf den immer links stehenden Teufel, auf die Ketzer, auf die Protestanten, auf die Juden. Maria herrscht über den gesamten innerkirchlichen und geschlechtlichen Untergrund. Maria Immaculata, die Unbefleckte Empfängnis in Person, ist von allen Begierden frei. Ihr ‚dein Wille geschehe' münzen die kirchlichen Machthaber auf sich."[2]

In dieser Kirche „von oben" ist den Frauen ein ganz bestimmter Platz zugewiesen. In der Rangfolge kirchlicher Ämter deutlich untergeordnet, erfüllt sich ihre Frauenidentität in den Rollen, die ihr die „Jungfrau" und „Mutter" Maria vorgibt. Darüber hinaus hat sie keine Rechte auf männliche Ämter und Privilegien anzumelden. Sie mag sich damit trösten, dass die „in den Himmel aufgehobene" Maria ihre Stimme an höchster Stelle zu Gehör bringt. Doch nimmt Maria dort die Rechte der Frauen bestenfalls stellvertretend und im Sinne der kirchlichen Hierarchie wahr – und ist damit, frei nach einem bekannten Zitat von Karl Marx, „in einem der Ausdruck des wirklichen Elends und in einem die Protestation gegen das wirkliche Elend" – des Elends der Frauen in der Männerkirche.

III.

Es ist kein Wunder, dass sich Frauen, die mithilfe der Madonna Maria zu gehorsamen Töchtern der Kirche erzogen werden sollten, gegen das Frauenbild auflehnen, das sie verkörpert:

Maria behalte dein glattes Gesicht,
die falsche Demut, den falschen Verzicht,
den falschen Gehorsam, die falsche Pflicht,
die falsche Geduld bis zum Jüngsten Gericht –
Ich will sie nicht, hörst du, ich will sie nicht![3]

In diesem Text von Elisabeth Burmeister, in dem freilich auch das anklagende Pathos der Frauenbewegung mitschwingt, wird deutlich, welch bedrückende Rolle das marianische Vorbild in vielen christlichen Frauensozialisationen gespielt hat. Doch gibt es neben dieser Erfahrung und der aus ihr resultierenden „Marienvergiftung" auch die für viele Frauen befreiende Entdeckung, dass die Maria noch ganz andere als die kirchenoffiziellen Züge trägt. Sie zu entdecken ist heute vor allem für streitbare Katholikinnen ein bewusster Akt der Auflehnung gegen ihre reformunwillige Kirche. Sie nehmen die Kraft der Maria als Repräsentantin des Weiblichen in der Heilsgeschichte wahr, um ihre Rechte in einer geschwisterlichen Kirche anzumelden: Aus der „Maria über allen Frauen" wird die „Maria für alle Frauen"[4], die zugleich über die Rechte aller Menschen wacht, als „Mutter Gottes und Mutter der Armen"[5].

Doch nicht nur das: Frauen in den Basisbewegungen beider Konfessionen entdecken heute, dass es auch in der Geschichte der Kirche neben der von oben verordneten Maria eine Marientradition „von unten" gibt, eine Maria, die dem Volk gehört und die ihre Hand schützend über Bettler und Räuber, entlaufene Nonnen und gefallene Mädchen hält. Den volkstümlichen Marienlegenden (Text IV) haftet ein anarchistischer Zug an, eine „eigenartige Moral", wie ein protestantischer Kommentator pikiert anmerkt.[6] „So ist die Gestalt der Maria ebenso doppeldeutig wie alle religiösen Inhalte und Symbole", stellte Dorothee Sölle fest. „Sie funktioniert im Interesse religiös verklärter Unterwerfung, aber auch im Interesse von Trost, Schutz und Rettung der Opfer. Maria ist submissiv, ist unterwürfig. Aber sie ist auch subversiv in dem Sinn, wie die lateinamerikanische Polizei das Wort benutzt: Sie zersetzt die Macht der Herrschenden ... Ich bin – wie viele Christen in den Befreiungsbewegungen – nicht bereit, Maria den anderen zu überlassen. Auch heutige Befreiungsbewegungen brauchen Schutz- und Vorbilder, brauchen Wurzeln in der Geschichte ... Es fällt mir schwer, die Millionen Frauen vor mir, die Maria geliebt haben, für nur blind und betrogen zu halten. Da muss auch Widerstand gewesen sein. Widerstand, aus dem wir lernen können."[7]

Diese Erkenntnis ist inzwischen Allgemeingut in der Frauenbewegung und der Frauenforschung, die in jüngster Zeit die Geschichte der Maria als Teil einer verschütteten weiblichen Geschichte wiederentdeckte und ins Bewusstsein rief. Verstärkt wird schließlich diese neue „marianische Bewegung" durch protestantische Feministinnen, welche die Hinwendung zur Maria vor allem aus religiösen und emotionalen Mangelerscheinungen heraus vollzogen haben. Ihrer Meinung nach hat die Reformation mit ihrem „Christus allein!" noch den letzten Rest weiblicher Symbole und Präsenz aus der Kirche verbannt, die mithilfe der Maria nun zurückerobert werden sollen.

Der bekannteste und folgenreichste Versuch einer feministischen Mariologie, die sich vor allem in frauenbewegten protestantischen Kreisen großer Beliebtheit erfreut, stammt von Christa Mulack. Unter dem programmatischen Titel: „Maria – die geheime Göttin im Christentum" fasst sie die wesentlichen

Ergebnisse feministischer Marienforschung zusammen und präsentiert zugleich die Forderung der radikalfeministischen Theologie, mit Maria, der Muttergöttin, die männliche Dreieinigkeit zu entthronen.

Wie aber kann aus der „Gottesmutter“ die „Muttergöttin“ werden?

IV.

Feministische Theologinnen und Vertreterinnen der Frauenforschung weisen heute zu Recht darauf hin, dass die Bilder von der „Jungfrau“ und „Mutter“ Maria auf vor- und außerchristlichen Vorstellungen beruhen, auch wenn sie später im Sinne des kirchlichen Dogmas umgedeutet wurden. Tatsächlich hat sich das Christentum im „christlichen Abendland“ gerade dadurch durchsetzen und halten können, dass es die bereits vorhandenen heidnischen Gottheiten und Kulte „christianisierte“. Maria, die „immerwährende Jungfrau“ und „Mutter Gottes“, beerbte die jungfräulichen und mütterlichen Göttinnen sämtlicher heidnischer Kulte überall und gleichermaßen. Es gibt im gesamten Abendland kaum eine Marienkapelle, unter der nicht das Heiligtum einer heidnischen Göttin verborgen liegt. Von ihr übernahm Maria nicht nur den Wohnsitz, sondern auch ihre Funktion und ihr Klientel.

Die ältesten weiblichen Gottheiten waren Symbole der Fruchtbarkeit und wurden als solche verehrt. „Wo immer Leben geschenkt wird“, heißt es in der „perlmutternen Mönchin“ der Schweizer Feministin Ursa Krattiger, „haben wir weibliche Metaphern vor uns. In allen Vor- und Frühformen der Ent-

Abb. 1: Stillende Isis, Bronze aus Bubastis, um 600 v. Chr.

Abb. 2: Vièrge en majesté, Orcival, Basilika Notre Dame, 12. Jh.

wicklungsgeschichte des Lebens: fruchtbare Frauen bringen das Leben hervor ... Lange Zeit herrschte im Bewusstsein der Menschen die Vorstellung, dass Leben spontan aus den jungfräulichen Frauen hervorgeht, dass Frauen neues Leben parthenogenetisch aus sich selber hervorbringen. Damals wurde der Zusammenhang zwischen geschlechtlicher Vereinigung und Schwangerschaft noch nicht durchschaut. Sichtbar und verständlich war nur: Die Menschen stammen aus der Mutter und von der Mutter ab. Die Frau war eine Große Mutter, und die Große Mutter war die Göttin der Menschen. Wie auf Erden, so im Himmel. Männliches ist Sohn, ist Kind der Großen Mutter. Als Sohn kommt das männliche Prinzip aus dem weiblichen Urprinzip hervor. Am Anfang steht die Göttin des uranfänglichen Beginns: Sie ist der Ursprung alles Seins, die Mutter aller Dinge."[8]

Hier also wäre der Ursprung der „Jungfrau" und „Mutter", der „Virgo et Mater", die aus ihrer weiblichen Kraft heraus, ohne Zutun des Mannes, Leben hervorbringt. Bedeutsam wurde diese Verbindung vor allem im Isis-Kult, der den Marienkult unübersehbar beeinflusst hat. In den alten Darstellungen der Göttin Isis hält diese einen deutlich kleineren, aber erwachsenen Sohn-Mann auf dem Schoß. (Abb. 1) Sie inthronisiert den „göttlichen Sohn", so wie es später in zahlreichen Bildern und Statuen die Maria tut, zum Beispiel die Madonna aus dem 12. Jahrhundert in der Wallfahrtskirche von Orcival. (Abb. 2)

Hier wie an vielen anderen Beispielen wird deutlich, dass im Bild der Maria die weiblichen Gottheiten durchschimmern, die sie einst abgelöst hat. Die Mariendarstellung aus Karthago aus dem 5. Jahrhundert erinnert an die jungfräuliche Diana (Abb. 3), Haltung und Gestus der Artemis von Ephesus ist in

Abb. 3: La Dame de Carthage, 5. Jh.

unzählige Madonnenstatuen eingegangen (Abb. 4), und die Vièrge Ouvrante aus dem 13. Jahrhundert ist eine Neuauflage jener Großen Mutter, welche die männlichen Gottheiten, also auch Vater und Sohn, in sich trägt und aus weiblicher Kraft hervorbringt. (Abb. 5) Wie sehr eine solche Frauen-Power von der offiziellen Kirche gefürchtet wurde, zeigt der Beschluss, diese Mariendarstellung zur Häresie zu erklären und aus dem Verkehr zu ziehen. Das Ergebnis jahrhundertelanger

Abb. 4: Artemis von Ephesus, 369 v. Chr.

Abb. 5: Vièrge Ouvrante, 13. Jh.

kirchlicher Zähmungsversuche dürfte schließlich die „Maria Immaculata“ aus dem 19. Jahrhundert sein (Abb. 6), an der zu sehen ist, wie weit sich die von oben verordnete Maria von ihren Ursprüngen entfernt hat.

An der langen Geschichte der Maria und der Marienbilder wird aber auch deutlich, dass der Symbolgehalt der Begriffe „Jungfrau“ und „Mutter“ die Grenzen des traditionellen kirchlichen Frauenbildes ebenso sprengt wie die kirchliche Sexualmoral. „Jungfrau“, so lehrt uns die Frauenforschung, bezeichnet ursprünglich nicht die unberührte, jeglicher Sexualität entsagende Frau, sondern die von keinem Mann abhängige, autonome Frauengestalt, die in Kult, Mythos und Frauengeschichte ebenso ihren Platz hat wie die Mutter als Leben spendendes weibliches Urprinzip. „Jungfrau“ und „Mutter“ ist mehr als eine biologische Qualifikation. Beides zusammen bildet eine Metapher für Neubeginn und Uranfang, ist Ausdruck des Für-sich-Seins und Für-andere-Seins, ist Vision der Ganzheit der Menschen und der Welt.

Für die Vertreterinnen eines radikalen Feminismus bedeutet dies, dass zusammen mit der Maria auch die Muttergöttin zurückerobert und in ihrer ursprünglichen Funktion als Garantin ganzheitlichen Lebens zurückgewonnen werden müsse. Sie behaupten, dass die Ablösung der Muttergöttin durch den männlichen Schöpfergott, des Symbols durch das Wort, des magischen Weltbildes durch die rationalistische Weitsicht, kurz: des weiblichen Prinzips durch das männliche, der Anfang vom Ende einer ganzheitlichen, harmonischen Weltordnung gewesen sei. Diese vereinfachte Sicht der Welt und der Geschichte hat in kirchliche Frauenkreise ebenso Eingang gefunden wie in die Köpfe mancher ehemaliger politischer Akti-

Abb. 6: C. Bosseron Chambers (1880-1964), „Maria immaculata"

visten und Aktivistinnen, die in Zeiten der Rückschläge und Niederlagen emanzipatorischer Bewegungen nach neuen Heilslehren suchen. Dabei landen sie freilich bei einer historisch durchaus belasteten Ideologie eines holistischen Weltbildes, in der die kritische Analyse gesellschaftlicher Phänomene zugunsten einer angeblich widerspruchsfreien, organischen Ganzheitsvision aufgegeben, ja als zerstörend, „zersetzend" diffamiert wird. Es ist nur folgerichtig, dass dabei auch altbekannte antijudaistische Töne laut werden. Da wird der „jüdisch-monotheistische Männlichkeitswahn", der in einer weiteren Schriftreligion, „im Protestantismus seine höchste Zuspitzung erfahren hat"[9], bei Christa Mulack zur Ursache aller Weltübel, von der Frauenunterdrückung bis zur Umweltzerstörung.

Zurück also zum Mythos, zur Magie, zum Matriarchat? Bei allem Respekt vor den Erkenntnissen feministischer Marienforschung: Hier wird die „geheime Göttin im Christentum" zur Protagonistin eines neuen Irrationalismus, der die Komplexität und Widersprüchlichkeit gesellschaftlicher Prozesse nicht bewältigt, sondern aus ihnen auszusteigen versucht. An dieser Stelle verläuft ein entscheidender Bruch – nicht nur mit der emanzipatorischen Frauenbewegung, sondern auch mit der jüdisch-christlichen Tradition, die um die gesellschaftlichen Widersprüche weiß und in ihren Texten wieder und wieder durcharbeitet. Das radikalfeministische Neuheidentum, das zugunsten außerbiblischer Göttinnenkulte diese Schrifttradition beiseite legt, steigt damit nicht nur aus der Geschichte, sondern auch aus dem Grundkonsens biblisch begründeter Befreiungsbewegungen aus.

V.

Schon ein erster Rückgriff auf die biblische Tradition zeigt, wie sehr eine feministische Engführung der Geschichtsbetrachtung zur idealistischen Spekulation ausarten kann. Dabei geht es zunächst gar nicht um die Maria, sondern um die Rezeption jener berühmten Geschichte, die im neunzehnten Kapitel der Apostelgeschichte von der Auseinandersetzung des Paulus mit dem Artemiskult in Ephesus berichtet. Dazu Christa Mulack: „Paulus hatte sich diese Stadt für eine mehrstündige flammende Rede ausgewählt, in der er Jesus Christus, den auferstandenen Sohn Gottes, verkündete, um die heidnischen Mengen endlich für seine neue Religion zu gewinnen und sie damit von dem skandalösen Göttinnenkult abzubringen ... Als sie ihm lange genug zugehört hatten, besannen sie sich auf ihre Große Göttin, der sie einen prächtigen Tempel in dieser Stadt geweiht hatten. Jetzt schleuderten sie ihm ihr Bekenntnis entgegen: Groß ist die Artemis der Epheser!“[10]

Hält man sich jedoch an den biblischen Text und die in ihm sichtbar werdende geschichtliche und gesellschaftliche Realität, sieht die Sache ganz anders aus. Michel Clévenot schildert in seiner Kirchen- und Sozialgeschichte das Ganze als „Aufruhr unter dem Devotionaliengewerbe unserer lieben Frau von Ephesus im April des Jahres 57“: „Unsere liebe Frau, die dreimal Große und dreimal Heilige, ist im ganzen Orient berühmt. Ihr Kult zieht Gläubige an, die von sehr weit kommen. Das bedeutet, dass Artemis die wichtigste Einkunftsquelle für Ephesus darstellt. Natürlich zunächst einmal für den Klerus, die Hohepriesterin mit ihren Gehilfinnen und den Verwalter des Tempelschatzes, der die größte Bank der Provinz darstellt.

Dann für das Heer der Tempelangestellten, Opferdiener, Wächter, Musiker, Chorsänger; für all die Händler, die Hersteller der kleinen Jagdtempel, Verkäufer von kleinen Talismanen und Amuletten ... Genau im Monat der Artemis halten die Tempelkaufleute die Hauptversammlung ihrer Zunft ab. Einer von ihnen, Demetrius, Großhersteller von kleinen Andenkentempeln, schildert den Ernst der Lage: ‚Ihr Männer, wie ihr wisst, fließt aus diesem Gewerbe unser Wohlstand. Nun aber seht und hört ihr, wie dieser Paulus viel Volk überredet und abwendig gemacht hat. Er sagt, das seien keine Götter, die von Menschenhand verfertigt wurden. Dadurch droht nicht nur unser Erwerbszweig in Missachtung zu kommen, sondern auch das Heiligtum der großen Göttin Artemis in Verachtung zu geraten ...‘ Gut gesprochen! Bravo! Es stimmt genau, dass alle diese jüdischen Prediger gefährlich sind, weil sie das verachten, was sie unsere Idole nennen. Wenn die Menge der Anhänger auf sie zu hören beginnt und die Frömmler keine Andachtsgegenstände mehr kaufen, wo kommen wir dann hin? So kann es nicht weitergehen. Es gilt, die Religion zu retten! Hoch lebe die Artemis von Ephesus! Hoch lebe die Artemis von Ephesus!“[11]

Knapp vierhundert Jahre später, im Jahre 431, wird man auf einem Konzil in Ephesus die Maria zur „Theótokos“, zur Gottesgebärerin, erklären und ihr die Rolle der Artemis übertragen. Auf die Trümmer des Artemistempels wird man eine Marienkirche setzen. Zu diesem Zeitpunkt hat sich das Devotionaliengewerbe längst auf den neuen Kult eingestellt. Ein Sieg der großen Göttin, vor allem aber des Handels und der Kirchendiplomatie – zugleich aber ein Verrat an dem Evangelium von dem befreienden Handeln Jesu. Michel Clévenot: „Gegen die Riten und todbringenden Vorschriften der Hohenpriester hat er Wege des Lebens geebnet. In seiner Nachfolge prangern Paulus und die Seinen die Heuchelei einer formalistischen und opiumhaften Religion an und verkünden den Weg der Freiheit.“[12]

In dieser Perspektive ist der Sieg der großen Göttin im Dogma von Maria, der Gottesgebärerin, eher eine Niederlage für den christlichen Glauben, eine Abkehr von dem Jesus aus Nazaret und von Maria, seiner Mutter.

VI.

Wie aber begegnet uns Maria, die Mutter Jesu, in den Evangelien und Schriften des Neuen Testaments? Was erfahren wir von ihr, und wie können wir deuten, was über sie geschrieben wurde?

Die historisch-kritische Bibelforschung hat uns gelehrt, dass alle biblischen Texte, auch die Evangelien, von Menschen für Menschen geschrieben worden sind. Sie wollen nicht Fakten, sondern Botschaften vermitteln. Die Evangelien sind keine Tatsachenberichte, sondern gedeutete Geschichte, Glaubensbekenntnisse, Mitteilungen von Befreiungserfahrungen. Um zu verstehen, was uns in diesen Texten mitgeteilt werden soll, müssen wir etwas über ihren „Sitz im Leben“ erfahren. Dabei geht es nicht in erster Linie darum herauszubekommen, was an den Evangelien „historisch“ sein könnte und was nicht. Es geht darum, etwas über die Produzenten und die Produktionsbedingungen der Texte zu erfahren, um ihren Sinn, ihre Botschaft erfassen zu können. Die Frage, die wir an die Evangelientexte richten sollten, lautet nicht: Ist das wirklich so passiert?, sondern: Was hat dieser Text zu bedeuten? Was wird von der Maria erzählt und was soll damit für den Glauben und das Leben der Christen ausgesagt werden?

Um es gleich vorweg zu sagen: Kein einziger biblischer Text kann als Grundlage für den alten und neuen Marienkult herhalten. Die Maria der biblischen Überlieferung, auf die wir uns heute neu besinnen, ist nicht die Madonna der kirchlichen Tradition und nicht die Wiederkehr der heidnischen Muttergöttin. Sie ist die Menschenfrau aus Nazaret, die Mutter des Menschensohns. Das Befreiende an ihr ist ihre Menschlichkeit!

Paulus, der älteste neutestamentliche Schriftzeuge noch vor der Entstehung der Evangelien, betont ausdrücklich und mit Absicht das uneingeschränkte Menschsein des Jesus und der Maria. Jesus ist Mensch aus dem Geschlecht Davids, geboren von einer Frau. In ungebrochener jüdischer Tradition versteht Paulus unter der Gottessohnschaft Jesu einen Akt der Adoption. Das Zeichen dafür sieht Paulus in der Auferstehung, durch welche die neue Offenbarung Gottes in dem Propheten aus Nazaret bestätigt wird. (Römer 1,3–4)

Paulus räumt selber ein, dass dieser Glaube für die Sachwalter der etablierten religiösen Institutionen ein Ärgernis und eine Torheit sei. Denn die radikale Menschlichkeit des Gottessohnes macht die religiösen Agenturen, die das Göttliche vermitteln sollen, überflüssig und verweist auf die Liebe als Erfüllung des Willens Gottes. Das ist der Weg der Freiheit: der Weg Jesu und seiner Nachfolgerinnen und Nachfolger in die Welt und zu den Menschen.

Das Markusevangelium als das älteste der überlieferten Evangelien weist eine ähnliche Tendenz auf. Es beginnt nicht mit einer Geburtsgeschichte, sondern mit der Darstellung der

Adoption Jesu zum Gottessohn. Sie wird an den Beginn der öffentlichen Wirksamkeit Jesu verlegt und mit der Taufe Jesu durch Johannes verbunden: „Dies ist mein lieber Sohn, an dem ich Wohlgefallen habe!“ (Markus 1,11)

Maria taucht im Markusevangelium nur ein einziges Mal direkt auf: als besorgte Mutter, die, unterstützt von ihren zahlreichen Kindern, den Jesus nach Hause holen will. „Siehe, deine Mutter und deine Brüder und deine Schwestern sind draußen und suchen dich. Da antwortete er ihnen: Wer den Willen Gottes tut, der ist mir Bruder, Schwester und Mutter.“ (Markus 3,33–35)

Das ist nicht die Art, wie der „göttliche Sohn“ mit der Gottesmutter-Muttergöttin umgeht! Vielmehr zeigt sich hier deutlich der antifamiliäre Zug der Jesusbewegung und der frühen christlichen Gemeinde, in der die neue Familie Jesu den traditionellen Familienverband sprengt. In dieser neuen Gemeinschaft spielen Frauen eine bedeutende Rolle – aber gerade nicht durch die religiöse Überhöhung ihres Mutterseins, dessen Bedeutung in der Erzählung über die „wahren Verwandten Jesu“ deutlich relativiert wird.

Nicht anders verhält es sich bei Johannes. Zweimal ist von Maria die Rede. Bei der Hochzeit zu Kana kriegt sie von ihrem Sohn zu hören: „Was habe ich mit dir zu schaffen?“ (Johannes 2,4), und in der Abschiedsstunde, unter dem Kreuz Jesu, erhält sie mit dem Jünger Johannes einen neuen Sohn. Wieder wird deutlich, dass die Familie der Kinder Gottes, die Jesus hinterlässt, an herkömmlichen Verwandtschaftsbeziehungen nicht interessiert ist. Schon im Prolog des Johannesevangeliums wird erklärt, dass alle, die Jesus aufnehmen, das Recht haben, Gottes Kinder genannt zu werden. (Johannes 1,12) Diese Gotteskindschaft entsteht allein durch den Geist Gottes. Von einer übernatürlichen Geburt durch die Jungfrau Maria ist nirgends die Rede.

Dieser Gedanke taucht erstmals in der Geburtsgeschichte des Matthäusevangeliums auf. Sie beginnt mit einem Stammbaum, der Jesus als den Messias, den neuen David „aus Davids Stamm", ausweisen soll. Das geht aber nur, wenn Josef tatsächlich der Vater ist – und nach der ersten Version des Matthäus ist er das auch, jedenfalls in den älteren, noch nicht kirchlich „bereinigten" Handschriften. Allerdings wird gleich eine zweite Version „nachgeschoben": Nach ihr ist das Kind nicht von Josef aus dem Stamm Davids, sondern aus der Kraft des Geistes Gottes entstanden. Dass Matthäus diesen Widerspruch bewusst bestehen lässt, hängt mit seiner Tradition, seinen Adressaten und seiner theologischen Intention zusammen. Matthäus reflektiert in ihr die Diskussion der judenchristlichen Gemeinden über die Besonderheit der Messianität Jesu. Für sie ist Jesus der von Gott verheißene und von Israel erwartete Messias aus dem Geschlecht Davids. Matthäus bestätigt dies zunächst: Die Wurzeln des Messias Jesus liegen in dem Bund Gottes mit Israel. Doch zugleich beginnt mit diesem Messias etwas völlig Neues. Das ist die weitergehende Botschaft. Der Messias Jesus setzt nicht einfach die Tradition Davids fort. Er ist ganz anders als erwartet, er ist Sohn Davids und doch nicht Sohn Davids, er steht in Kontinuität und Diskontinuität zur Tradition Israels. Um dieses Neue, noch nicht Dagewesene auszudrücken, lässt Matthäus den Messias Jesus aus dem Handeln des Geistes Gottes entstehen – in Erweiterung jener jüdischen Tradition, die schon die Geburt Isaaks, Simsons und Samuels dem besonderen Eingreifen Gottes zuschreibt. Die judenchristlichen Adressaten des Matthäus konnten damals sofort etwas mit dieser Parallele anfangen: Menschen, die durch den Geist Gottes entstanden, waren Künder und Vollzieher des rettenden Handelns Gottes und Boten des Gottesrechts. Um diese Botschaft geht es Matthäus, um die Besonderheit Jesu, nicht der „Jungfrau“ Maria. Denn auch Matthäus überliefert die Geschichte von den „wahren Verwandten Jesu“ und bestreitet damit die besonderen Privilegien der Mutter Jesu.

Die frühchristlichen Gemeinden, die von Jesus und Maria erzählen, haben also offenbar der Maria als Mutter Jesu keine Vorrangstellung eingeräumt. Das bedeutet jedoch nicht, dass Frauen in ihnen gering geschätzt wurden. Vielmehr findet hier eine Umwertung der traditionellen Frauenrolle statt. Frauen sind nicht mehr auf die Aufgaben als Hausfrau und Mutter beschränkt, sondern tauchen in neuen Rollen, als Jüngerinnen, Prophetinnen und Katechetinnen, auf. Unter ihnen, so berichtet Lukas in der Apostelgeschichte, erhält schließlich auch Maria ihren Platz (Apostelgeschichte 1,14) – nicht als „Mutter Gottes“, sondern als Nachfolgerin auf dem Weg Jesu.

Das mag auf den ersten Blick verwundern – stammt doch gerade von Lukas jene bekannte Verkündigungs- und Geburtsgeschichte, die zur Grundlage des Glaubens an Maria, die Jungfrau und Mutter Gottes, wurde. Doch auch diese Texte wollen nicht, wie der spätere Verlauf des Lukasevangeliums zeigt, die Sensation einer Jungfrauengeburt und die Bedeutung der göttlichen Jungfrau zum Thema machen, sondern etwas über die einzigartige Sendung des Messias Jesus aussagen. Dabei hat Lukas, der als griechischer Theologe für heidenchristliche Adressaten schreibt, die jüdischen Vorstellungen von Jesus, dem

„Adoptivsohn“ Gottes, in den ihnen geläufigen Metaphern auszudrücken versucht. Auch seine Zuhörer und Leser haben das Symbol der Jungfrauengeburt sofort deuten können: die großen Gestalten der griechischen Mythologie sind häufig der Verbindung des Zeus mit einer irdischen Jungfrau entsprossen.

Aber es steckt noch mehr dahinter. Lukas ist ja nicht nur ein geschickter Erzähler, sondern auch ein theologischer Schriftsteller, und seine theologische Botschaft hat letztlich die gleiche Tendenz wie die des Matthäus. Dick Boer, Vertreter der sozialgeschichtlichen Exegese der „Amsterdamer Schule“, schreibt dazu: „Für die ersten Christen ist Jesus selbstverständlich auf natürliche Art und Weise gezeugt und geboren worden. Das heißt, solange es um die biologische Seite dieser Sache geht. Aber es geht ja in der Bibel nicht um Biologie, sondern um Theologie, und dann wird es interessant, den Text noch einmal auf seinen kerygmatischen Inhalt abzuklopfen ... Wir haben gerade bezüglich der Jungfrauengeburt einiges entdeckt. Nämlich dass das Wort ‚parthenos‘ einen sozialen Status andeutet, einer Frau nämlich, die dabei ist, ihren ‚Clan‘ zu verlassen und noch nicht in den zukünftigen Clan ihres Mannes aufgenommen ist. Weil sie ja – wie Lukas oder weiß der Kuckuck, wer diese schöne Geschichte erfunden hat (es könnte ja auch eine Frau gewesen sein!), ausdrücklich erwähnt – noch verlobt ist, und das ist keine biologische, sondern eine soziale Position. Sodass ihre Antwort auf den Boten ganz spannend wird: Wie kann ich den Messias gebären, wie ist das möglich, dass der Messias also zuerst mit mir und meiner niedrigen Position verbunden ist? Und noch spannender wird es, wenn man zuvor gelesen hat, dass Josef, ihr Gerade-noch-nicht-Mann, aus dem Hause Davids stammt, sie also einmal verheiratet ohne

Probleme einen neuen David gebären könnte. Eine solche, nur die Fortsetzung der Geschichte Israels garantierende Geburt eines Davidsohns wird hier gerade noch vereitelt: Weil es sich hier nicht um Fortsetzung, sondern um Revolution handelt!"[13]

Es ist kein Zufall, dass dieser Maria das Magnifikat (Text V) in den Mund gelegt wird, das die Revolution Gottes besingt: „Er stößt die Gewaltigen vom Thron und erhöht die Niedrigen!" (Lukas 1,52) In Lateinamerika tragen viele Männer und Frauen den Text des Magnifikat in einem Amulett mit sich herum. Das Magnifikat macht Maria zur Mutter der Armen und zur Zeugin dafür, dass der Gott Israels seit den Zeiten des Mose und des Jesus auf der Seite der Unterdrückten und Erniedrigten steht. Das aber ist nur möglich, wenn Maria wirklich nichts anderes ist als das Mädchen aus dem Volk, die Frau aus Nazaret, deren Niedrigkeit garantiert, dass der Messias von unten und nicht von oben kommt, dass die Herrschaft Gottes, die der Messias aufrichtet, die alten Machtverhältnisse nicht fortschreibt, sondern umwirft.

VII.

Mit dieser revolutionären Bewegung hat die Kirche spätestens ab dem Zeitpunkt, an dem sie sich mit der alten Macht arrangierte, nichts mehr zu tun haben wollen. Sie hat die Inkarnation, die radikale Menschwerdung Gottes, rückgängig gemacht, indem sie den „Sohn Gottes" vergöttlichte und in den Himmel verbannte. Die Verwandlung der Frau aus Nazaret in die Madonna und Gottesmutter entspricht dieser Tendenz. Der radikale Feminismus, der die Maria als Muttergöttin verehren möchte, hat dem nichts entgegenzusetzen. Im Gegenteil, er bleibt in dieser Logik und verschärft sie noch, indem er die Maria aus Nazaret dem göttlichen Sohn in dem Himmel nachschickt.

Die Bewegung in den biblischen Überlieferungen geht jedoch umgekehrt. Der Gott, von dem gesagt wird, dass seine Kraft in den Schwachen mächtig sei, erweist sich im Leben und Handeln gerade der machtlosen und an den Rand gedrängten „kleinen Leute". Dass ihnen ihre menschliche Würde und ihr Recht zurückgegeben werden sollen, ist der Kern des Evangeliums, der guten Botschaft für die Armen. Ihre Befreiung kann sich nicht jenseits, sondern nur in der Geschichte vollziehen.

Die Maria, die das Magnifikat singt, verkündigt die frohe Botschaft, dass der Weg Gottes zu den Menschen und in die Geschichte endlich diejenigen zum Subjekt des Handelns macht, die immer nur die Opfer gewesen sind. Das macht Maria, die Frau aus Nazaret, zur Trägerin der Hoffnung und zur Mitstreiterin für alle, die sich mit der herrschenden Gewalt gegen Frauen und andere Menschen nicht abfinden können.

Texte

I.

Sei gegrüßt, du Frau der Welt,
Königin im Himmelszelt,
reinste Jungfrau der Jungfrauen,
Morgenstern, auf den wir schauen.

Dich hat Gott von Ewigkeit
ausersehn, gebenedeit,
dich zur Mutter auserkoren,
dass sein Wort von dir geboren.

Angelus Silesius (1624–1677)
in: Josef Dirnbeck, Marienlob, Wien, München 1983, S. 9.

Maria durch ein Dornwald ging, Kyrie eleison,
Maria durch ein Dornwald ging,
der hat in sieben Jahrn kein Rosen getragen.
Jesus und Maria.

Was trug Maria unter ihrem Herzen, Kyrie eleison,
ein kleines Kindlein ohne Schmerzen,
das trug Maria unter ihrem Herzen.
Jesus und Maria.

Da haben die Dornen Rosen getragen, Kyrie eleison,
als das Kindlein durch den Wald getragen,
da haben die Dornen Rosen getragen.
Jesus und Maria.

13. Jahrhundert

Christi Mutter stand mit Schmerzen
Bei dem Kreuz und weint von Herzen,
Als ihr lieber Sohn da hing.

Welch ein Weh der Auserkornen,
Da sie sah den Eingebornen,
Wie er mit dem Tode rang.

Angst und Trauer, Qual und Bangen,
Alles Leid hielt sie umfangen,
Das nur je ein Herz durchdrang.

Wer könnt' ohne Tränen sehen
Christi Mutter also stehen
In so tiefen Jammers Not?

Wer nicht mit der Mutter weinen,
Seinen Schmerz mit ihrem einen,
Leiden bei des Sohnes Tod?

Gib, o Mutter, Born der Liebe,
Dass ich mich mit dir betrübe,
Dass ich fühl' die Schmerzen dein.

Dass mein Herz von Lieb' entbrenne,
Dass ich nur noch Jesus kenne,
Dass ich liebe Gott allein.

Stabat mater dolorosa (13. Jahrhundert) in: Karl-Josef Kuschel (Hg.),
Und Maria trat aus ihren Bildern, Freiburg 1990, S. 29.

II.

Ich grüße dich, liebe Frau Maria,
die du bist die weise Beraterin der Apostel,
eine Rose der Märtyrer,
ein Lohn der Bekenner,
eine Helferin aller Witwen
und eine Ehre aller Heiligen,
die deines Kindes sind.
Bitte für mich, dass ich geheiligt werde
in all meinen Werken,
wie es mir Armen möglich ist,
Maria, du liebe Königin.
Ich grüße dich, liebe Frau Maria,
die du bist eine Zuflucht der Sünder,
eine starke Helferin der Verzagten,
eine Trösterin der Christenheit,
ein Schrecken der bösen Geister,
die du allesamt überwunden.
Zwinge sie, liebe Frau, von mir,
dass sie nimmer mir nahen
und ich immerdar bleibe in deinem Dienste.

Mechthild von Magdeburg (1212–1301)
in: Josef Dirnbeck (Hg.), a. a. O., S. 10.

III.

Wir bekennen also, dass unser Herr Jesus Christus, der eingeborene Sohn Gottes, vollkommener Gott und vollkommener Mensch ist mit einer Vernunftseele und einem Leib. Er ist von Ewigkeit her vom Vater gezeugt der Gottheit nach. Am Ende der Tage aber ist derselbe Christus für uns und um unseres Heiles willen der Menschheit nach geboren worden aus Maria der Jungfrau. Er ist wesensgleich mit dem Vater der Gottheit und wesensgleich mit uns der Menschheit nach. Es hat nämlich eine Vereinigung beider Naturen stattgefunden, und deshalb bekennen wir EINEN Christus, EINEN Sohn, EINEN Herrn. Wegen dieser Vereinigung ohne Vermischung bekennen wir, dass die heilige Jungfrau Gottesgebärerin ist, weil das göttliche Wort Fleisch und Mensch geworden ist und schon von der Empfängnis an den aus ihr genommenen Tempel mit sich vereinigt hat.

Brief von Johannes von Antiochien (um 347–407) an Kyrill

IV.

Es war einmal eine Nonne, die hieß Beatrix, und die diente Maria, der Mutter Gottes, sehr innig. Das verdross den Teufel, und er versuchte sie lange Zeit durch einen reichen Jüngling. Die Nonne widerstand der Versuchung lange Zeit, aber der Teufel und die Natur des Fleisches überwanden sie, sodass sie sich mit dem Jüngling verabredete, sie wolle mit ihm aus dem Kloster gehen und in ein fremdes Land ziehen. Und sie bestimmte Tag und Stunde, wo er wiederkommen solle und ihr weltliche Kleider mitbringen. Die Nonne erwartete die Zeit und kam zu ihm. Denn sie war Küsterin, sodass sie alle Schlösser zu bewahren hatte. Und sie öffnete all die Türen und ging in den Chor vor das Bild von unserer lieben Frau, kniete davor, seufzte und klagte und bat Maria, sie zu beschirmen vor Sünde und Schande. Aber der Teufel schürte die weltliche Minne in ihr, sodass sie das Nonnengewand auszog und legte es vor unserer lieben

Frauen Bild. Die Schlüssel aber legte sie vor das Bild, sodass man sie besser finden konnte. Und so befahl sie Maria ihren Dienst und ging aus dem Kloster zu dem Jüngling.

Sie ritten von Land zu Land, bis sie in eine Stadt kamen, die ihnen gefiel. Da blieben sie sieben Jahre lang wohnen, und Beatrix gebar ihrem Mann zwei Kinder. Aber im Lauf der sieben Jahre war das Geld verzehrt, und der Mann ließ sie in großer Armut mit den zwei Kindern sitzen. Da verführte der Teufel sie zu noch größerer Sünde und brachte sie dazu, dass sie mit ihrem Leibe das Geld gewann, wovon sie mit ihren Kindern lebte. Und in solcher Sünde, dass sie allen Männern gemein war, lebte sie noch sieben Jahre. Und sie bekam große Reue über ihr Leben und weinte Tag und Nacht. Aber dennoch verzweifelte sie nicht und hoffte auf die Barmherzigkeit Gottes und auf Maria, die Mutter der Barmherzigkeit. Und sie zog wieder nach ihrem Land zurück, um das Kloster zu suchen, aus dem sie fortgegangen war. Und im Schlaf hörte sie eine Stimme, die sprach: „O Weib, du hast so sehr geweint und geklagt und um Gnade gebeten. Gott hat dein Gebet erhört, denn Maria, die Mutter der Barmherzigkeit, bat für dich. Darum steh auf und geh in das Kloster, dort wirst du alle Türen offen finden und dein Kleid, das du auszogst, das wirst du finden auf dem Altar vor unserer lieben Frauen Bild, wo du es hinlegtest. Die Schlüssel hängen vor dem Bild von Maria, und sie hat für dich den Dienst der Küsterin versehen diese vierzehn Jahre lang, und man hat dich im Kloster nicht vermisst. Darum gehe ruhig hinein und nimm deinen Dienst wieder auf."

Als sie zum Kloster ging, fand sie alles, wie ihr gesagt worden war. Denn Maria hatte in ihrer Gestalt gedient und hatte ihren Dienst wohl verwahrt.

Marienlegenden, 15. Jahrhundert, Handschrift des Gymnasiums zu Katwijk, Niederlande. In: Marienlegenden, nach alten niederländischen Texten ausgewählt und bearbeitet von Paula Zaunert, Jena 1925.

V.

Und Maria sprach: „Meine Seele erhebt den Herrn, und mein Geist freut sich Gottes, meines Heilandes; denn er hat die Niedrigkeit seiner Magd angesehen. Siehe, von nun an werden mich selig preisen alle Kindeskinder. Denn er hat große Dinge an mir getan, der da mächtig ist und des Name heilig ist. Und seine Barmherzigkeit währet für und für bei denen, die ihn fürchten. Er übt Gewalt mit seinem Arm und zerstreut, die hoffärtig sind in ihres Herzens Sinn. Er stößt die Gewaltigen vom Thron und erhöht die Niedrigen. Die Hungrigen füllt er mit Gütern und lässt die Reichen leer. Er gedenkt der Barmherzigkeit und hilft seinem Diener Israel auf, wie er geredet hat unseren Vätern, Abraham und seinen Kindern ewiglich."

Lukas 1,46–55, nach der Übersetzung von Martin Luther

Anmerkungen

1 Josef Neuner / Heinrich Roos, Der Glaube der Kirche in den Urkunden der Lehrverkündigung, Regensburg 1961, S. 6, 201.
2 Johannes Thiele, Madonna mia, Stuttgart 1990, S. 28.
3 Zitiert in Christa Mulack, Maria, die geheime Göttin im Christentum, Stuttgart 1986[2], S. 150.
4 Elisabeth Gössmann / Dieter R. Bauer (Hg), Maria – für alle Frauen oder über allen Frauen?, Freiburg 1989.
5 Ivone Gebara / Maria Lucchetti Bingemer, Maria, Mutter Gottes und Mutter der Armen, Düsseldorf 1988.
6 Religion in Geschichte und Gegenwart (RGG), Tübingen 1927, S. 2.
7 Dorothee Sölle, Maria ist eine Sympathisantin, in: Karl-Josef Kuschel (Hg.), Und Maria trat aus ihren Bildern, Freiburg 1990, S. 188ff.
8 Ursa Krattiger, Die perlmutterne Mönchin, Hamburg 1987, S. 110f.
9 Christa Mulack, a. a. O., S. 10.
10 Ebenda, S. 106.
11 Michel Clévenot, Von Jerusalem nach Rom, Fribourg 1987, S. 115.
12 Ebenda, S. 118.
13 Dick Boer, Manuskript vom 28. 2. 1986.

Schwesterlichkeit und Rivalität

Von den Problemen zwischen Marta und Maria aus Betanien

I.

In Betanien lebte einmal eine Frau, die hieß Maria, die hatte eine Schwester, die hieß Marta. Von diesen beiden Frauen gibt es eine Geschichte, die zugleich die Geschichte aller Frauen ist. Überliefert ist sie im Evangelium des Lukas, als eine Episode auf dem Weg Jesu nach Jerusalem.

„Es begab sich aber, als sie weiterzogen, da ging er in ein Dorf; und eine Frau mit Namen Marta nahm ihn in ihr Haus auf. Und diese hatte eine Schwester namens Maria, die setzte sich zu den Füßen des Herrn und hörte seiner Rede zu. Marta dagegen machte sich viel zu schaffen mit der Bedienung. Sie trat aber herzu und sagte: Herr, achtest du nicht darauf, dass meine Schwester die Bedienung mir allein überlassen hat? Sage ihr nun, dass sie mir helfen soll! Doch der Herr antwortete und sprach zu ihr: Marta, Marta, du machst dir Sorge und Unruhe um viele Dinge. Eins aber ist not; Maria hat das bessere Teil erwählt, das soll nicht von ihr genommen werden." (Lukas 10,38–42)

Abb. 1: Jan Vermeer (1632–1675), Christus im Haus von Martha und Maria, 1654.

II.

Diese kleine Geschichte eignet sich nicht für theologische Höhenflüge. Sie bleibt in den Niederungen des Alltags. Sie spielt sich zwischen Küche und Esszimmer ab, in jenen Bereichen also, in denen bis heute vornehmlich Frauen ihre alltäglichen Erfahrungen machen. Es nimmt daher auch nicht wunder, dass diese Szene, die sich zwischen Maria, Marta und Jesus abspielt, Frauen in besonderem Maße herausfordert – zu betroffenen Fragen, heimlicher Genugtuung und zu offenem Protest.

Jede Frau spürt sofort, dass es hier um ihre eigene Rolle, ihre eigene Identität geht, die bestätigt oder infrage gestellt wird. Denn die Geschichte von Maria und Marta ist trotz ihrer lakonischen Kürze kein einfacher Text. Wie alle erzählenden Texte in der biblischen Überlieferung ist er vieldeutig, vielschichtig und konfliktträchtig. Der fundamentalistische Slogan „Antwort auf alle Fragen gibt uns dein Wort!" stimmt hier so wenig wie anderswo. Denn die Antwort, die „der Herr" auf die Anfrage der Marta gibt, wirft eher neue Fragen auf. Und die Tatsache, dass die Geschichte mit einer solch offenen Situation endet, zeigt, dass es sich nicht um eine erbauliche Geschichte mit einer eindeutigen Moral handelt, sondern um eine Szene, die das wirkliche Leben in seinen Widersprüchen abbildet und Stoff bietet für weitere Diskussionen – darüber, wie das Evangelium von der Befreiung auch in der alltäglichen Praxis von Frauen wirksam werden kann. Das ist es, was bis heute die eigentümliche Spannung des Textes ausmacht.

III.

Der Text, der von Frauen und Frauenbildern handelt, hat eine Geschichte. Da die offene Antwort Jesu Spielraum lässt für das eigenständige Weiterdenken und Handeln der Leser und Adressaten, ist es nur folgerichtig, dass sich in der Auslegungsgeschichte des Textes unterschiedliche Interpretationsmuster entwickelt haben. Dabei wird gerade bei dieser Geschichte von Maria und Marta deutlich, wie sehr das Verständnis der Textsituation und ihre Interpretation von der Seins- und Bewusstseinslage der jeweiligen Interpreten abhängen.

Natürlich waren es lange Zeit vor allem Männer, die sich berufen fühlten, die Antwort „des Herrn" genauer zu definieren. Sie wussten genau, was das „bessere Teil" sei, das Maria gewählt hatte, und was Marta dementsprechend fehlte.

Dabei hat sich in der abendländischen Christenheit zunächst das Interpretationsmodell des Origenes durchgesetzt, nach dem Marta die christliche Lebensform der *vita activa,* der Diakonie, darstellt, während Maria die *vita contemplativa,* die sich Gott direkt zuwendende Beschaulichkeit, verkörpert: „Wir können mit Wahrscheinlichkeit annehmen, dass Marta die Aktion, Maria die Kontemplation symbolisiert."[1] Mit dieser typologischen Auslegung legte Origenes zugleich im Sinne des Neuplatonismus den Vorrang der Kontemplation vor der Aktion fest: Die Worte Jesu schienen ihm das philosophische Ideal seiner Zeit zu bestätigen. Diese durchaus zeitgebundene Auslegung legte den Grundstein für die bis heute nachwirkende grundsätzliche Auffassung, dass der „Dienst des Wortes" dem „Dienst der Tat" übergeordnet sei. Das hört sich durch die Jahrhunderte hindurch im Chor der Kirchenmänner immer ähnlich an:

„Nicht so sehr um einen Tadel für die in guter Dienstleistung sich mühende Marta handelt es sich, sondern um die Bevorzugung der Maria, weil sie den besseren Teil sich erwählte. Jesus verfügt ja über mehr denn genug Güter und reicht deren eine Menge dar. Darum erwählte sie als die Weisere das, was in ihren Augen das Vorzüglichere war. So dünkte ja auch den Aposteln nicht als das Beste, vom Gotteswort abzulassen und den Tisch zu besorgen." (Ambrosius von Mailand)[2]

„Marta, dein Werk muss bestraft und für nichts geachtet werden ... ich will kein Werk haben als das Werk Marias, das ist der Glaube, dass du glaubst an das Wort." (Martin Luther)[3]

„Die Liebe zu Gott fordert das Hören auf sein Wort, um dessentwillen sich der Mensch beschränkt in dem, was er zum Leben braucht, denn dieses Wort erschließt das ewige Leben." (Walter Grundmann)[4]

„Martas Mühe geht nur auf ein vorübergehendes Bedürfnis ein, das dazu gering und unwichtig ist; das wirkliche Bedürfnis aber liegt jenseits alles Irdischen. Maria hat das erkannt und sucht dieses Bedürfnis nun zu erfüllen, indem sie das Wort Jesu hört. Seine Antwort an Marta bestätigt ihr, dass sie recht daran tut." (Heinrich Rengstorf)[5]

Mit diesen Äußerungen, die sich noch beliebig fortsetzen ließen, ist Marias Platz in der Rangordnung biblischer Frauengestalten deutlich ausgewiesen. Sie hat nun nicht nur „das bessere Teil erwählt", sie *ist* nun auch besser als Marta, im Sinne einer wertenden Beurteilung christlicher Lebensführung und rechter Glaubenshaltung. Mit dieser idealistischen Betrachtungsweise wird zugleich das irdische, materielle Leben abgewertet zugunsten immaterieller Werte, die angeblich das wahre Heil des Menschen ausmachen. Damit wird schließlich gerade das als minderwertig eingestuft, was Generationen christlicher Frauen in Familie, Kirche und Gesellschaft praktiziert haben und immer noch praktizieren: die dem Menschen und der Welt zugewandte Nächstenliebe, die sich zuerst konkretisiert in der Organisation materieller Lebensgrundlagen und der Befriedigung lebensnotwendiger Bedürfnisse. Zwar wird dieser „Dienst" der Marta von Zeit zu Zeit lobend erwähnt – die „Diener des Wortes" wollen schließlich auch essen! –, doch bleibt er zweitrangig, nicht „heilsnotwendig", im schlimmsten Fall sogar „Werkgerechtigkeit". Was für eine bittere Abfuhr für all jene Frauen, die sich in Marta wiedererkennen! Und was Wunder, dass sie sich dagegen wehren, diese Abfuhr hinzunehmen!

Es ist anzunehmen, dass Meister Eckhart es mit solchen Frauen zu tun hatte. Er entwickelte im Mittelalter gegen die gängige Abwertung der *vita activa* zugunsten der *vita contemplativa* ein Interpretationsmodell der Einheit von Gottes- und Nächstenliebe. Dass diese Interpretation mit seiner seelsorgerischen Visitationstätigkeit in den Frauenklöstern der süddeutschen Provinz des Dominikanerordens zu tun hat, bedarf kaum eines weiteren Kommentars. Man kann sich lebhaft vorstellen, dass jene Frauen, die eine funktionierende Klosterwirtschaft aufbauten und in Gang hielten, in der kontemplativen Haltung Marias wenig Beispielhaftes erblicken konnten. Und umgekehrt dürfte es unmittelbar einsichtig sein, dass kein vernünftiger dominikanischer Visitator ein Interesse daran haben konnte, dass das Beispiel Marias unter den Ordensschwestern Schule machte. Meister Eckhart bezeichnet daher in einer Predigt über Maria und Marta die Kontemplation lediglich als Vorstufe zur Aktion, die erst die Vollkommenheit christlicher Lebensführung ausmacht:

„Maria war so voll Begier – sie begehrte und wusste nicht wie, sie wollte und wusste nicht was; wir haben sie in Verdacht, die liebe Marie, sie sitze etwas mehr aus Lust dort als zu geistiger Förderung. Drum sagt Marta: ‚Herr, heiße sie aufstehn'; denn sie fürchtete, dass Maria in solcher Lust verharren möchte und nicht vorwärts käme. [Lebhafter Beifall der versammelten Ordensschwestern, nachdrückliches Nicken der Mutter Oberin, Anm. d. Verf.] Da antwortete ihr Christus und sagte: ‚Marta, Marta, du bist besorgt und betrübst dich um vieles. Eins ist not. Maria hat das beste Teil erwählt, das ihr nimmer genommen werden kann.' – Dieses Wort sagte Christus zu Marta nicht im strafenden Tone; er antwortet ihr und gab ihr die Versicherung, dass Maria werden sollte, wie sie es wünschte ... Und da ist zeitliches Werk so edel wie irgendein Sichvereinen mit Gott, denn es vereint uns mit Gott so innig wie das Höchste, das uns je zuteil werden kann ... Marta fürchtete, dass ihre Schwester in der Wonne und der Süße haften bliebe, und wünschte, dass sie werde wie sie. Da sprach Christus, als ob er sagen wollte: Gib dich zufrieden, Marta, auch sie hat den besten Teil erwählt; dies soll ihr nicht fehlen; das Höchste, was Kreaturen zuteil werden kann, das soll ihr werden: Sie soll heilig werden wie du."[6]

IV.

Heilig werden wie Marta – ein neues Frauenideal! Es entsteht im 13. Jahrhundert, in engem Zusammenhang mit den gesellschaftlichen Umbrüchen des ausgehenden Mittelalters. „Mehr Frauen aus allen Ständen als in den vergangenen Zeiten waren ... auf sich gestellt und suchten eigene Lebensziele. Viele wanderten mit den Wanderpredigern, andere suchten feste Bindungen außerhalb der Familie. Die Kirche musste sich mit dem Frauenproblem und den sich ihr geradezu anbietenden Frauen befassen und neue praktische und ideelle Lösungen schaffen. Im Laufe der Zeit entwickelten sich ... verschiedene Formen des Gemeinschaftslebens: sowohl die ohne klösterliche Ordnung lebenden Frauengemeinschaften ... als auch Gemeinschaften mit festen Ordensregeln ... Ein introvertiertes Frauenbild genügte jetzt nicht mehr. Die Frauenaktivitäten forderten ein neues Leitbild. Hier ist der Sitz im Leben für ein neues Martabild." (Elisabeth Moltmann-Wendel)[7]

In den Maria- und Marta-Darstellungen des Mittelalters verschieben sich die Akzente: Stand bisher die kontemplative, innerliche Maria im Vordergrund, kommt nun die aktive, weltzugewandte Marta zu Ehren, eine Art emanzipierte Sozialarbeiterin, denn: Neue Frauen braucht das Land!

Spätestens an dieser Stelle wird deutlich, dass die Geschichte des Textes zugleich die Geschichte zweier Frauen durch die Jahrhunderte geworden ist. Mehr noch: In der Maria- und Marta-Tradition spiegelt sich die Geschichte der Frauen insgesamt in der Kirche und mit der Kirche wider. Die beiden biblischen Frauengestalten boten sich offensichtlich dazu an, je nach Lage und Bedarf ein kontemplatives oder aktives Frauenideal zu proklamieren – in der Regel durch Männer, welche die Maria wie die Marta der Männerkirche dienstbar zu machen suchten.

Besonders deutlich wird das an der dritten Variante, die in der nachreformatorischen Zeit an Boden gewinnt. In ihr vereinigen sich der Dienst Marias und der Dienst Martas in einem rechten christlichen Frauenleben zu einer ungemein nützlichen Dienstgemeinschaft. Für diese Rolle der ideellen christlichen Gesamttraumfrau stand ein neuer Frauentypus Pate, von dem es in einer Pastoraltheologie in Versen heißt: „Die rechte Pfarrersfrau ist die, Marta und zugleich Marie!“[8] Dieses weibliche Idealwesen sollte zwei Fähigkeiten in sich vereinen: die des aufopferungsvollen Dienens und die des hingebungsvollen Hörens – beides natürlich in Bezug auf den (Ehe-)Mann, der sich seinerseits beides, wie schon „der Herr“ Jesus, gern gefallen lässt.

Doch hat diese Doppelrolle nicht nur praktischen Nutzen. Sie dient vor allem der Lenkung und Bändigung des unberechenbaren weiblichen Willens. Marta wird mit Maria, Maria mit Marta in Schach gehalten. Die innerliche, aber allzu inaktive Frau wird durch die aktive, aber allzu selbstbewusste Frau korrigiert und umgekehrt. Erst beide zusammen funktionieren reibungslos. Mit der integrierten Maria-Marta-Figur hat sich die Kirche der Männer und Mächtigen endgültig jene beiden Frauen gefügig gemacht, die doch ursprünglich eine ganz eigene Rolle und einen sehr eigenen Willen hatten.

V.

Erstaunlicherweise erfreut sich das integrierte Maria-Marta-Modell gerade auch bei Frauen großer Beliebtheit. Nicht nur, dass Generationen von Pfarrfrauen ihre Doppelrolle klaglos praktiziert haben – auch kämpferische Frauenrechtlerinnen möchten Maria und Marta zugleich sein (Luise Otto Peters)[9] und in ihren Lebensmöglichkeiten „Maria und Marta zusammenbringen“ (Dorothee Sölle)[10].

Vielleicht liegt es an einem tief verwurzelten Bedürfnis nach Harmonie, dass Frauen den Konflikt zwischen Maria und Marta gern aufheben würden. Möglicherweise wollen wir mit Maria und Marta auch zwei Seiten in uns selbst versöhnen. Sicher aber möchten wir im Zeichen der Frauensolidarität weder der einen noch der anderen zu nahe treten. Jedenfalls ist immer wieder das Verlangen spürbar, der Geschichte von Maria und Marta den Stachel zu nehmen, den schmerzlichen Widerspruch zwischen zwei Frauen aufzuheben, die beide auf ihre Weise doch Recht haben.

So verständlich dieses Bemühen ist, so wenig entspricht es dem Text und seiner inneren Dynamik. Die offene Antwort Jesu bietet keine eindeutige Wertung und abschließende Beurteilung, mit welcher der Konflikt so oder so gelöst wäre, aber auch keine harmonisierende Formel, mit der sich der Konflikt aufheben ließe. Es ginge deshalb an der Pointe des Textes vorbei, den in ihm formulierten Widerspruch auflösen zu wollen. Damit würde man dem Text seine produktive Kraft nehmen, weil es gerade der Widerspruch ist, der zu immer neuer Auseinandersetzung mit der Geschichte herausfordert.

VI.

Worin besteht der Widerspruch? Zwei Frauen werden beschrieben, zwei Temperamente, zwei Rollen. Es ist gut möglich, dass es die beiden ungleichen Schwestern im Umkreis Jesu oder in der frühen Kirche wirklich gegeben hat. Sie kommen mit gleichen Charakterzügen auch im Johannesevangelium in der Geschichte von der Auferweckung des Lazarus (Johannes 11) vor. Darüber hinaus aber haben die beiden Maria-Marta-Traditionen so wenig Gemeinsamkeiten, dass es nicht sinnvoll ist, die johanneische Version „zur harmonisierenden Erklärung heranzuziehen“ (Josef Blank)[11], so wie es gerne in der Beschreibung der „Frauen um Jesus“ getan wird.[12] Denn es geht in den Evangelien eben nicht um individuelle Biografien, sondern um die Widerspiegelung und Aufarbeitung von Prozessen und Konflikten in den urchristlichen Gemeinden, die im Licht der befreienden Botschaft Jesu gedeutet und bewältigt werden sollen. „Den neutestamentlichen Autorinnen ging es nicht um Konservierung und antiquarische Lektüre, sondern um Verkündigung und interpretierenden Glauben. Ihre Absicht war nicht, einfach niederzuschreiben, was Jesus gesagt und getan hat, sondern sie suchten zu begreifen, was Jesus seinen ersten Nachfolgerinnen und Nachfolgern bedeutet hat und welche Bedeutung sein Leben für ihre eigene Zeit und ihre eigene Gemeinde hatte“, schreibt Elisabeth Schüssler Fiorenza in ihren Ausführungen zu einer kritisch-feministischen Hermeneutik und folgert daraus: „Wir müssen Jesus – soweit wir noch etwas von ihm wissen – erinnern, diskutieren, interpretieren, annehmen oder zurückweisen, um zu verstehen, welche Bedeutung und welche Impulse von seinem Leben ausgehen. Die Evangelien konzentrieren sich auf Leben und Praxis Jesu, über Frauen sprechen sie nur am Rande. Immer wenn sie Frauen erwähnen, teilen sie ebenso viel über die Gemeinden mit, in denen diese Geschichten und Worte überliefert sind, wie über die historischen Frauen im Leben Jesu.“[13]

Was teilt uns also die Geschichte, die Lukas von Maria und Marta erzählt, über die Frauen in den lukanischen Gemeinden mit? Zunächst einmal, dass es die von Maria und Marta verkörperten Frauentypen sicher in vielen weiteren Exemplaren in den christlichen Gemeinden gab, dass sie zueinander in Konkurrenz traten, dass dabei die eine der beiden, Maria, das „bessere Teil" gewählt hat und dass dies der anderen, Marta, Probleme bereitete. Dieser Konflikt besteht, und er wird in der Geschichte der beiden Frauen ausgetragen.

Diesen Punkt kann und soll man nicht weginterpretieren, denn er macht uns auf etwas Wesentliches aufmerksam: darauf, dass der von der Praxis Jesu in Gang gesetzte Befreiungsprozess eben auch und zunächst einmal Widersprüche zutage fördert und Konflikte heraufbeschwört. Er führt nicht geradewegs in die schwesterliche Idylle. In der Begegnung mit der Geschichte von Maria und Marta wird schmerzhaft deutlich, dass Befreiungsgeschichte *auch* Konfliktgeschichte ist.

VII.

Wie aber soll man mit diesem Konflikt umgehen? Welche befreienden Perspektiven liegen in dem Widerspruch zwischen Maria und Marta? Um diese Fragen zu beantworten, ist es notwendig, den sozialgeschichtlichen Hintergrund der geschilderten Episode so weit es geht zu erhellen. Luise Schottroff hat in ihren Überlegungen zu „Frauen in der Nachfolge Jesu in neutestamentlicher Zeit"[14] darauf hingewiesen, dass die Maria-Marta-Sequenz wie viele andere Szenen im Lukasevangelium sehr konkrete, sozialgeschichtlich belegbare Probleme und Prozesse innerhalb der urchristlichen Gemeinden widerspiegelt. Auf diesem Hintergrund muss nun noch einmal neu gefragt werden, in welcher Weise Maria und Marta jenseits der

Bilder, die man sich von ihnen gemacht hat, konkrete Erfahrung und Praxis von Frauen in der lukanischen Gemeindetradition repräsentieren.

Die Geschichte, um die es hier geht, wird nur von Lukas überliefert und hat ihren Ort im sogenannten „lukanischen Reisebericht“, in dem die Wanderung Jesu von Galiläa nach Jerusalem bereits deutlich die Züge späterer urchristlicher Missionspraxis trägt[15], also auch Erfahrungen der ersten christlichen Missionare wiedergibt. Auf dieser Reise findet Jesus Aufnahme bei den beiden Frauen. Schon diese Konstellation macht deutlich, dass es sich bei der Erzählung nicht um ein von Lukas geformtes „biografisches Apophthegma“ (Rudolf Bultmann)[16] handelt, sondern um eine Geschichte, die ihren Produktionskontext in der frühchristlichen hellenistischen Gemeinde hat. Für diese Zeit und dieses Umfeld existieren Belege dafür, dass es eigenständig lebende Frauen gab, die als Hausherrinnen die Versammlung der christlichen Brüder und Schwestern ermöglichten und auch durchreisende christliche Missionare bei sich aufnahmen. Eine von ihnen ist Lydia, der Lukas in der Apostelgeschichte (Apostelgeschichte 16) eine führende Rolle bei der Gründung und Leitung der Gemeinde in Philippi zuschreibt. Michel Clévenot, der diese Episode in einer Art Kirchengeschichte „von unten“ nacherzählt, bemerkt am Ende der Lydia-Geschichte: „In ihrer Begeisterung als Neugetaufte will sie unbedingt diejenigen, die ihr die Türen zu dieser neuen christlichen Bleibe aufgestoßen haben, bei sich aufnehmen ... Lydia scheint eine Frau zu sein, der man nicht widerstehen kann. Der von Lukas gegebene Reisebericht vermerkt: ‚So nötigte sie uns‘ ... Was Lydia darüber hinaus anbetrifft, erfahren wir nichts Weiteres von ihr. Aber sie sollte nicht die einzige Frau in Philippi bleiben, die zum Christentum übertrat. Euodia und Syntache taten das Gleiche. Aber sie scheinen ein wenig Schwierigkeiten gehabt zu haben, miteinander auszukommen, denn Paulus musste sie ermahnen, ‚eines Sinnes zu sein im Herrn'." (Philipper 4,2)[17]

Natürlich hat dieses kleine Schlaglicht auf das Innenleben der paulinischen und lukanischen Gemeinden nur mittelbar etwas mit der Geschichte von Maria und Marta zu tun. Aber es zeigt doch ein wenig von der Atmosphäre, von dem wirklichen Leben, das sich hinter den Erzählungen des Lukasevangeliums verbirgt.

Vor allem aber zeigt es, dass wir uns eine Frau wie Marta nicht als etwas verhärmte, demütige Dienerin vorzustellen haben, die nach dem Motto: „Mein Lohn ist, dass ich darf!" den „Martadienst" versieht.[18] Marta ist eine selbstbewusste Frau, die als Herrin des Hauses – von einem Mann ist nirgends die Rede! – für Aufnahme und angemessene Gastlichkeit sorgt. Sie ist diejenige, von der in der Erzählung die meisten Aktivitäten ausgehen: Sie nimmt Jesus auf, macht sich zu schaffen, tritt auf Jesus zu, stellt ihn zur Rede. Aber sie bleibt dabei in der sozialen Rolle, die ihr als Frau in der antiken Gesellschaft zugeschrieben wird. Ihr Herrschaftsbereich ist das Haus. In ihm ist sie Marta, „die Herrin", die ihre Schwester Maria keineswegs aus ihrem Herrschaftsbereich entlassen will. Eben hier beginnt der Konflikt. Denn Maria verlässt die ihr angemessene Rolle und tritt aus dem ihr zugewiesenen Bereich heraus. Keineswegs ist sie passiv. Sie ist nicht die innerliche, zu Jesu Füßen sitzende und demutsvoll zu ihm aufblickende Frauengestalt, welche die Kirchenväter aus ihr gemacht haben. Auch von ihr werden Aktivitäten vermeldet: Sie setzt sich zu Füßen des

Herrn und hört seiner Rede zu. Diese Position und Aktion aber sind deutlich zugeordnet: nämlich den Schülern der Rabbinenschulen, die – wie Lukas in der Apostelgeschichte mit gleichen Begriffen (para tous podas Gamaliel, Apostelgeschichte 22,3) über den Rabbinenschüler Paulus berichtet – zu Füßen des Rabbi sitzen, um von ihm in der Tora unterrichtet zu werden und mit ihm über die Tora zu diskutieren. Maria spielt also nicht eine typische Frauenrolle – weder eine aktive noch eine kontemplative –, sondern ist im Begriff, eben diese zu verlassen. Maria redet mit dem Rabbi Jesus über die Tora, Maria studiert Theologie!

Das ist nun allerdings nicht gerade üblich – weder, dass eine Frau die Tora studiert, noch, dass ein Rabbi mit einer Frau über die Tora redet. Schließlich gibt es eindeutige Stellungnahmen aus dem zeitgenössischen Judentum, die solches nachgerade verbieten. „Lieber möge die Tora in Flammen aufgehen, als dass sie den Weibern übergeben werde"; „Wer seine Tochter Tora lehrt, lehrt sie Ausgelassenheit (denn sie wird das Gelernte missbrauchen!)" – diese Äußerungen Rabbi Eleazars[19] belegen den patriarchalischen Charakter der sozio-historischen Verhältnisse der Entstehungszeit der Erzählung von Maria und Marta.

Nun sollte man aber aus den Zitaten eines einzelnen konservativen Rabbi nicht auf eine durchgängige Praxis im Judentum des ersten nachchristlichen Jahrhunderts schließen. Micha Brumlik weist mit Recht darauf hin, dass es unterschiedliche Strömungen in der jüdischen Tradition und darüber hinaus auch deutliche Ausnahmen von der Regel gab: „Der Talmud berichtet immerhin an einigen Passagen von Beruria, der Gattin Rabbi Meïrs, die ob ihrer Gelehrsamkeit berühmt war, von

R. Jehoshua b. Chananja, der erzählt, wie er von einer Frau, einem Knaben und einem Mädchen eines Besseren belehrt wurde, sowie von einer Frau aus Nahardea, die als gerichtlich Angeklagte mit R. Jehuda sachverständig diskutierte."[20]

Vor allem aber kann man sicher davon ausgehen, dass gerade die Angriffe auf die „Tora studierenden Weiber" der deutlichste Beweis dafür sind, dass es sie gab – dass also auch jüdische Frauen ihr Recht anmeldeten, wie die Männer und mit den Männern die Tora zu lesen und zu diskutieren. Es wäre also zu einfach, die Praxis Jesu und die seiner Nachfolgerinnen und Nachfolger als frauenfreundliche Alternative gegen das frauenfeindliche patriarchalische Judentum zu beschreiben. Umgekehrt betont Elisabeth Schüssler Fiorenza: „Die Rekonstruktion der Jesusbewegung als innerjüdische Erneuerungsbewegung innerhalb ihrer eigenen patriarchalen kulturellen und religiösen Strukturen stellt zugleich feministische Impulse innerhalb des Judentums heraus."[21]

Das Verhalten Marias in der lukanischen Erzählung richtet sich also nicht gegen das „jüdische Patriarchat", sondern gegen patriarchalische Strukturen, wie sie in der gesamten antiken Welt zu finden waren. Wie weit das Verhalten der von Lukas geschilderten Maria auch von der Lebenswirklichkeit ihrer Schwestern in der römisch-hellenistischen Welt entfernt war, zeigt der folgende Text, in dem Plinius d. J. das Verhalten seiner Ehefrau Calpurnia beschreibt: „Ihre Klugheit und Sparsamkeit sind höchst lobenswert ... Neben diesen Tugenden hat sie ein Interesse an Literatur, der sie sich um meinetwillen zugewandt hat. Sie besitzt meine Werke, liest sie mehrmals und lernt sie sogar auswendig ... Ebenso sitzt sie, wenn ich einmal rezitiere, ganz in meiner Nähe, durch einen Vorhang von mir getrennt [!], und lauscht mit gierigen Ohren den mir gespendeten Komplimenten ...“[22]

Diese kleine Szene, die immerhin das Verhalten einer privilegierten und gebildeten Frau der römischen Oberschicht beschreibt, macht deutlich, dass Maria bei Lukas nicht nur Verhaltensweisen, sondern regelrecht räumliche Grenzen überwindet – sie wechselt aus dem Bereich der Frauen in den Bereich der Männer über. Dass dies schließlich auch in den frühchristlichen Gemeinden nicht selbstverständlich, sondern höchst umstritten gewesen sein muss, zeigt die Maria-Marta-Sequenz ja deutlich genug. Sicher ist jedenfalls, dass es Frauen gab, die in neuen Rollen, als Theologinnen, Jüngerinnen und Missionarinnen, auftraten. In der Apostelgeschichte des Lukas finden wir neben namentlich genannten Frauen auch Spuren von Frauen, die als Katechetinnen, Jüngerinnen (Apostelgeschichte 9,36) und Prophetinnen (Apostelgeschichte 21,9) bezeichnet wurden, die offenbar unverheiratet blieben und in der Gemeinde solche Funktionen innehatten, die bis dahin den Männern vorbehalten waren. Man kann sich gut vorstellen, dass dies nicht nur den Männern Probleme bereitete, sondern auch solchen Frauen, die weiterhin die traditionellen Aufgaben erfüllten und den „Dienst an den Tischen“ der frühchristlichen Haus- und Mahlgemeinschaft versahen, der wohl auch den diakonischen Dienst mit einschloss. (Apostelgeschichte 6)

Dass es Frauen gab, die sich diesem Dienst verweigerten und damit das antike Rollenschema – die Frau gehört ins Haus, der Mann nimmt die politischen und religiösen öffentlichen Aufgaben wahr – durch ihre religiöse und damit auch politische Praxis durchbrachen, dürfte der Kern des Konflikts zwischen Maria und Marta sein. Marta bleibt Herrin des Hauses – aber

Maria hat das für sie bessere Teil erwählt. Sie hat den häuslichen Bereich verlassen und sitzt nun mitten unter den Aposteln, welche die Lehre Jesu hören und weitergeben. Dass sie das darf, wird ihr in der Geschichte des Lukas von Jesus bestätigt.

VIII.

Das ist zweifellos eine befreiende Botschaft für Maria, die Jüngerin und Nachfolgerin Jesu. Was aber bedeutet sie für Marta? Gegen alle Versuche, Marta gegenüber Maria abzuwerten, muss hier zunächst einmal festgehalten werden, dass die Antwort Jesu überhaupt keine Wertung enthält, sondern lediglich eine Feststellung: Maria hat das „bessere Teil" erwählt, und eine Forderung: Man soll es ihr nicht wegnehmen. In die Situation der frühchristlichen Gemeinde hinein gesprochen heißt das: Maria hat das Evangelium für sich in eine neue Rolle, in eine befreiende Praxis umgesetzt. Sie hat sich ein Recht genommen, das Frauen bisher nicht hatten. Das darf ihr keiner nehmen. Man soll sie nicht ins Haus und an den Herd zurückschicken.

Damit ist die Tätigkeit und Aufgabe Martas keineswegs abgewertet. Sie ist eine Lebensmöglichkeit ebenso wie die andere, aber eben nicht mehr die einzig denkbare. Frauen dürfen in der Nachfolge Jesu ihre traditionellen Rollen verlassen: „Es geht darum, dass die Frauen in der Nachfolge Jesu nicht auf die Rollen der Hausfrau und Mutter reduziert werden. Maria soll ... nicht gegen Marta ausgespielt werden. Die Antwort Jesu wäre für unser heutiges Empfinden noch überzeugender ausgefallen, wenn er schon gleich ... mit Maria in die Küche gegangen wäre, und alle drei hätten das Essen zubereitet ... Aber das ist nicht der Erfahrungshorizont des frühen Christentums. Das gute Teil, das Maria erwählt hat, soll auch Marta erwählen, dies ist die implizite Mahnung Jesu." (Luise Schottroff)[23]

Diese implizite Mahnung Jesu kann aber wohl kaum darin liegen, die Entscheidung Marias als die einzig mögliche Alternative anzubieten und damit, wie Luise Schottroff zutreffend folgert, seinen Nachfolgerinnen eine permanente Doppelbelastung zuzumuten. Es geht nicht darum, dass Marta Maria werden soll oder Maria Marta. Der eigentliche Punkt liegt woanders. Die befreiende Botschaft für beide Frauen liegt darin, dass Jesu Lehre und Praxis dazu auffordert, die jeweils eigene Identität anzunehmen und zu leben – und dabei alle gesellschaftlichen Schranken zu durchbrechen, die Frauen auf traditionell „weibliche" Funktionen reduzieren. Indem Maria dies tut, eröffnet sie sich und anderen Frauen einen Freiraum, der ihnen gestattet, zu sich selbst zu finden, Menschen zu werden, die Subjekte ihrer Geschichte sind, mehr zu sein als das, was gesellschaftliche oder religiöse Institutionen ihnen als Funktionen zuteilen. Insofern partizipiert der Text an jener „Tiefenstruktur der Bibel", die „bestimmt ist von Prinzipien, die verlangen, dass ... zuerst den Armen, d. h. nicht nur den finanziell Minderbemittelten, sondern denjenigen, denen das Recht verweigert wird, Personen zu sein, die frohe Botschaft von der Erfüllung ihrer Sehnsucht gebracht wird." (Kuno Füssel)[24]

Die Zusage an Maria, dass sie Person werden soll, dass sie Anspruch auf ihre Identität, ihr Ganzsein und Heilsein hat, gilt nicht nur ihr. Sie gilt auch Marta, sie gilt allen Frauen und

Männern, denen gesellschaftliche Strukturen und religiöse Institutionen die Entwicklung ihres selbstbestimmten Person-Seins versagen. Sie sollen sich aufmachen und das „bessere Teil“ wählen. Sie dürfen es!

IX.

Damit ist schließlich schon angedeutet, welche Perspektiven der Befreiung der Text für (Alltags-)Erfahrungen von Frauen heute aufweist. In einer Zeit, in der eine teilweise schon erreichte Emanzipation der Frauen im Beruf unter dem Vorwand ökonomischer Sachzwänge rückgängig gemacht werden soll, ist der Text geradezu von politischer Brisanz. Wie das Recht von Maria und Marta, ein ganzer Mensch zu werden, heute aussehen könnte, wie weit sie das leben können, was ihnen wirklich entspricht, das ist eine immer neu zu stellende und zu beantwortende Frage, zumal unter sozialen und gesellschaftlichen Bedingungen, die Frauen oft wenig Wahlmöglichkeiten lassen. Das Recht auf die Wahl ihrer eigenen gesellschaftlichen Rolle wird ihnen in dem biblischen Text jedoch eindeutig zugesprochen. Das bedeutet, dass die Kirche, die sich auf Jesus beruft, in ihrer eigenen Institution und darüber hinaus für das Recht aller Frauen auf das „bessere Teil“ einzutreten hat. Für die Einforderung dieses Rechts können Frauen die Geschichte von Maria und Marta in Anspruch nehmen.

Dass sie damit nicht die Ersten sind, die auf den Gedanken kommen, diesen Text für ihre Rechte nutzbar zu machen, zeigt die folgende Aneignung der Geschichte durch die Frauenbewegung des 19. Jahrhunderts:

„Wie es nun Jesus, indem er das Evangelium der allgemeinen Menschenliebe, der Freiheit und der Gleichheit verkündete, vorzugsweise mit den Armen ... und Verachteten hielt, ... so nahm er auch der Frauen sich an und verschmähte es nicht, sie auf den rechten Weg zu führen, ... denn er war ja gekommen, die ganze Menschheit zu erlösen. Ihr kennt das schöne Freundschaftsbündnis, welches Jesus mit den Schwestern verband ... Erinnern wir uns der herrlichen Szene, in welcher er bei ihnen weilte, Maria zu seinen Füßen saß, seine göttliche Lehre zu vernehmen, indes Marta ihn mit sorgfältiger Bedienung am besten zu ehren meinte ... ‚Maria hat das bessere Teil erwählt – das soll nicht von ihr genommen werden‘ ... An dieses Wort des Meisters halten wir uns ... Damit ist es ausgesprochen für alle Zeit und festgestellt als ein christlicher Grundsatz: Die Frau soll nach Höherem streben und ihren Geist nähren mit geistiger Speise ... Mit diesen Worten, meine Schwestern, lasset uns all den Martas antworten, die wir in unsern Kreisen treffen und die uns mit Vorwürfen überhäufen, weil wir neben unseren besonderen weiblichen Pflichten auch noch höhern Bestrebungen huldigen, die sie nicht wollen gelten lassen ... Wissen wir aber, dass wir in seinem Geiste handeln, was können uns dann die Urteile der Welt kümmern? ... Die Frauen, indem sie Jesus nachfolgten und ihm dienten, dienten sie der Sache der Freiheit.“ (Louise Otto Peters)[25]

X.

Die Freiheit Marias ist die Freiheit *aller* Frauen. Das haben Frauen offenbar immer schon gemerkt, wenn sie aus eigener Betroffenheit heraus die Geschichte von Maria und Marta lasen. Dabei ist nicht auszuschließen, dass der Text auch andere Deutungen und Auseinandersetzungen hervorbringt. Als kleiner, aber doch ungemein vielschichtiger Text ist er geradezu darauf angelegt, Auseinandersetzungen zu provozieren und Konflikte zu produzieren. Manche lesen ihn als eine Geschichte, welche die Beziehung der älteren zur jüngeren Schwester problematisiert, andere als eine Rivalitätsgeschichte zwischen zwei unterschiedlichen Frauentypen, die zudem deutlich macht, wie schwierig es wird mit der Schwesterlichkeit, sobald ein interessanter Mann auftaucht. Und natürlich taucht immer dann, wenn Frauen den Text lesen, die heimliche oder offene Frage auf, ob nicht die Freiheit der Frauen, ihre dienende Rolle aufzugeben, die Freiheit der Männer – einschließlich des „Herrn Jesus" – nach sich ziehen müsste, sich nicht länger bedienen zu lassen ...

„Die christlichen Texte", schreibt Michel Clévenot, „haben ihren Sinn nicht in sich selbst. Sie bringen unaufhörlich neue befreiende Geschichten in Gang. Unsere vielleicht ..."[26] In diesem Sinne darf die Auslegung eines Textes die ständig neue Aneignung der Geschichte und die Produktion neuer befreiender Geschichten nicht behindern. Die Auslegung eines biblischen Textes ist so wenig zeitlose abstrakte Wahrheit wie der Text selbst. Sie ist eher eine Einladung zum Diskurs über die Möglichkeiten, einen biblischen Text zu verstehen und seine befreienden Perspektiven für unsere Gegenwart zu entdecken. Dieser Diskurs kann und soll dazu beitragen, eine Praxis zu entwickeln, die Befreiung für Frauen und andere Menschen konkret werden lässt. Diese Praxis kann nur eine gemeinsame, solidarische sein, die eingebettet sein muss in die Vision der Befreiung aller zu neuen, menschlichen Verhaltensweisen. Die Durchbrechung unterdrückerischer Strukturen und überkommener gesellschaftlicher Schranken durch Maria aus Betanien ist nur ein erster Schritt gewesen. Ob der Konflikt, den sie dabei heraufbeschworen hat, Neues und Besseres hervorbringt, liegt auch an unserer Bereitschaft, ihn schöpferisch und solidarisch weiterzuführen in dem Bewusstsein, dass es keine Befreiung für Einzelne, sondern immer nur für alle gemeinsam gibt.

Anmerkungen

1 Fragment 72 in: Origène, Homélies sur S. Luc, Texte Latin et Fragments Grecs, erl. und übers. von H. Crouzel u. a., Paris 1962, S. 521f. Zur Auslegungsgeschichte vgl. auch Wolfgang Lepschy, Maria und Marta – Zwei Frauen um Jesus, Werkmappe Religionsunterricht 2, Münster 1995.
2 Ambrosius von Mailand, Lukaskommentar VII, S. 86, übers. von J. H. Niederhuber, München 1917, S. 369f.
3 Zitiert nach Elisabeth Moltmann-Wendel, Ein eigener Mensch werden, Gütersloh 1991[7], S. 26.
4 Walter Grundmann, Das Evangelium nach Lukas, Theologischer Handkommentar zum Neuen Testament 3, Berlin 1971, S. 225.
5 Heinrich Rengstorf, Das Evangelium nach Lukas. Das Neue Testament Deutsch 3, Göttingen 1969, S. 143.
6 In: Meister Eckharts Predigten, hg. und übers. von J. Quint, Stuttgart 1976, Bd. 3, S. 596–599 (Auszüge).
7 Elisabeth Moltmann-Wendel, Ein eigener Mensch werden, a. a. O., S. 40f.
8 Ebenda, S. 26.
9 Ebenda, S. 30.
10 Dorothee Sölle, Maria und Marta zusammenbringen. In: Marianne Dirks, Glauben Frauen anders? Freiburg 1983.
11 Josef Blank, Frauen in der Jesusüberlieferung, in: Die Frau im Urchristentum, hg. von G. Dautzenberg, H. Merklein, K. Müller, Freiburg 1983, S. 55.
12 Moltmann-Wendel, a. a. O., S. 23ff.
13 Elisabeth Schüssler Fiorenza, Zu ihrem Gedächtnis, Gütersloh 1993[2], S. 140f.
14 In: Willy Schottroff / Wolfgang Stegemann, Traditionen der Befreiung, München 1980, S. 91ff.
15 Josef Blank, a. a. O., S. 54f.
16 Apophthegma = prägnanter (witziger) Ausspruch; Rudolf Bultmann, Die Geschichte der synoptischen Tradition, Göttingen 1970[2], S. 33.
17 Michel Clévenot, Von Jerusalem nach Rom, Fribourg 1987, S. 104f.
18 Der „Martadienst“ und sein „Motto“ geriet schließlich zur „Ehrenbezeichnung“ protestantischer Diakonissen!
19 Zitiert nach: Joachim Jeremias, Jerusalem zur Zeit Jesu, 1962[3], S. 410.
20 Micha Brumlik, Der Anti-Alt, Frankfurt/Main 1991, S. 89.
21 Elisabeth Schüssler Fiorenza, a. a. O., S. 147.
22 Zitiert in: Ekkehard Stegemann / Wolfgang Stegemann, Urchristliche Sozialgeschichte, Stuttgart 1995, S. 317.
23 Luise Schottroff, Frauen in der Nachfolge Jesu in neutestamentlicher Zeit. In: W. Schottroff / W. Stegemann, a. a. O., S. 123.

24 Kuno Füssel, Anknüpfungspunkte und methodisches Instrumentarium einer materialistischen Bibellektüre. In: Michel Clévenot, So kennen wir die Bibel nicht, München 1980[2], S. 146.
25 Louise Otto Peters, Christus hat die Frauen befreit. In: Elisabeth Moltmann-Wendel (Hg.), Frau und Religion, Frankfurt/Main 1983, S. 41f.
26 Michel Clévenot, Von Jerusalem nach Rom, a. a. O., S. 152.

Zwischen Männerfantasien und Frauenträumen

Ein Versuch, Maria von Magdala gerecht zu werden

I.

Maria aus Magdala kennen wir vor allem als Maria Magdalena. Unter diesem Namen ist die jüdische Frau namens Mirjam aus der galiläischen Stadt Magdala im ganzen Abendland bekannt und berühmt geworden. Sie war das biblische Lieblingsmodell der großen europäischen Maler von Rubens bis Tizian; bei ihr durfte man all das zeigen, was bei der Madonna Maria verborgen bleiben musste. Und so wird Maria Magdalena in unzähligen Variationen als reuige Sünderin dargestellt, die noch in der unterwürfigen und zugleich lasziven Haltung der Büßerin die üblichen Kennzeichen der Prostituierten behält: langes, aufgelöstes Haar, unbedeckte Schultern und nackte Brüste. In manchen Darstellungen fallen die Hüllen noch tiefer. (Abb. 1)

Diese Bilder haben sich tief ins Bewusstsein der abendländischen Christenheit eingeprägt. Maria Magdalena wurde die Femme fatale unter den Frauengestalten der christlichen Tradition. Sie brachte jenen Schuss Erotik mit ins Spiel, den die „jungfräuliche“ Maria aus Nazaret und die „kontemplative“ Maria aus Betanien so sehr vermissen ließen. Vor allem bot sie

Abb. 1: Peter Paul Rubens (1577–1640), Christus und die reuigen Sünder, Anfang 17. Jh.

sich am ehesten für Spekulationen über eine offene oder heimliche Liebesbeziehung mit ihrem Herrn und Meister an und wurde so zur „Frau an seiner Seite". Und damit öffnete sie, ob

Abb. 2: Maria Magdalena verkündet den Jüngern die Auferstehung, Albanipsalter, Hildesheim, 12. Jh.

in sublimierter oder offen provokativer Weise, den Blick auf das, was jedermann und jede Frau irgendwie doch interessiert: auf Jesus, den Mann! Ob als „große Liebende“ oder „Hippiebraut", als „letzte Versuchung" oder „geistliche Freundin" – Männer wie Frauen haben ihre Beziehungsfantasien in das außergewöhnliche Paar hineinprojiziert und damit im Übrigen zugleich ihr persönliches Jesusbild entworfen, das immer wieder jenseits aller christologischen Dogmen ein wenig lehrhaftes Eigenleben entwickelt.

Über diesem bunten Treiben sind die strengeren Bilder von Maria Magdalena in Vergessenheit geraten. Die Christenheit kennt sie auch anders, als Predigerin zum Beispiel, die als „Apostelin der Apostel" den Jüngern Jesu die Auferstehungsbotschaft übermittelt. (Abb. 2) Welten liegen zwischen den Darstellungen der „Predigerin" und der „Sünderin", was schließlich auch die sexual- und frauenfeindliche Tradition der abendländischen Kirche, Frauen in „Heilige" und „Huren" einzuteilen, dokumentiert. Maria Magdalena bot sich als einzige offensichtlich für beide Rollen an. Wie aber ist sie zu diesem zweifelhaften Ruhm und Ruf gekommen?

II.

Die biblischen Nachrichten über Maria aus Magdala sind ausgesprochen spärlich. Im Markusevangelium erscheint sie ebenso wie im Matthäusevangelium in einem einzigen, wenngleich zentralen Traditionszusammenhang: als Erstgenannte unter den Frauen, welche die Kreuzigung, Grablegung und die Auferstehungsbotschaft bezeugen können. (Markus 15,40–16,8 par) Darüber hinaus wird über die Person der Maria von Magdala nichts bekannt, auch nicht im Johannesevangelium, obwohl in ihm eine besonders schöne Geschichte über die Begegnung Marias mit dem auferstandenen Jesus erzählt wird. Biografisches aber enthält auch diese Geschichte nicht.

Allenfalls ist dem Anhang, der dem Markusevangelium später angefügt wurde, eine Information über Maria von Magdala zu entnehmen. (Markus 16,9) Doch enthält dieser „unechte" Markusschluss lediglich eine knappe Zusammenfassung all jener Berichte, die man aus den zeitlich nach Markus zusammengestellten Evangelien bezogen hatte. Von dort stammt denn auch jene Anmerkung, die aus dem Lukasevangelium übernommen wurde und die möglicherweise einen biografischen Hinweis enthält – darüber, dass Jesus die Maria von Magdala von sieben Dämonen befreit habe.

Die Originalversion bei Lukas liest sich so: „In der folgenden Zeit wanderte Jesus von Stadt zu Stadt und von Dorf zu Dorf und verkündete das Evangelium vom Reich Gottes. Die Zwölf begleiteten ihn, außerdem einige Frauen, die er von bösen Geistern und Krankheiten geheilt hatte: Maria Magdalena, aus der sieben Dämonen ausgefahren waren, Johanna, die Frau des Chuzas, eines Beamten des Herodes, Susanna und viele andere. Sie alle unterstützten Jesus und die Jünger mit dem, was sie besaßen." (Lukas 8,1–3)

Dass Lukas mit Maria Magdalena Maria von Magdala gemeint habe, ist also schon von den frühen Auslegern, zumindest von dem Verfasser des Markusnachtrages, angenommen worden. Mit letzter Sicherheit lässt sich aber selbst dies nicht behaupten. Denn die Maria Magdalena, die Lukas schildert, gehört nicht unbedingt in die Szenerie der ursprünglichen Jesusbewegung hinein. „Lukas hat nämlich ein für sein Evangelium sehr spezifisches Bild von der Rolle der Frauen für die Jesusbewegung, das an entscheidenden Punkten historisch nicht zutreffen wird ... Er stellt sich vor, dass die Frauen, die Jesus auf seinem Wege folgen, wenigstens zum Teil aus vermögenden Kreisen stammen und die Jesusbewegung ‚aus ihrem Vermögen' unterstützten (Lukas 8,3) ... Seine Vorstellung von vermögenden Frauen in der Nähe Jesu stammt nicht aus sonst verschütteten Traditionen über die Jesusbewegung, sondern aus späteren Erfahrungen der jungen Kirche in den Städten des Römischen Reiches außerhalb Palästinas, die er in die Jesuszeit zurückprojiziert." (Luise Schottroff)[1] Die Rolle der vermögenden und selbstständigen Frauen wird in der Apostelgeschichte des Lukas an mehreren Stellen erwähnt.[2] In der unmittelbaren Umgebung Jesu, in der Schar bettelarmer, vielfach entwurzelter Männer und Frauen, tauchen sie noch nicht auf. Vielmehr wird hier in der Gleichberechtigung der Armut die Verkündigung des Reiches Gottes unterschiedslos all denen zum Hoffnungsschimmer, die unter Hunger und Ausbeutung, Krankheit und „bösen Geistern" zu leiden haben. „Männer und Frauen werden geheilt und folgen damit auch Jesus nach ... Frauen und Männer werden nicht gegeneinander abgegrenzt, die Gruppe der Kranken wird nicht gegen die Gruppe der Armen abgegrenzt. Die Verkündigung des Evangeliums und die Heilung der Kranken gehören zusammen. Dass mit der Nachfolge Jesu in dieser Zeit auch jeder Jesusnachfolger die Aufgabe empfing, zu verkündigen und zu heilen, steht zu vermuten ... Man wird hinzufügen können, dass diese Nachfolge die Verkündigung der Botschaft vom Anbruch des Reiches Gottes mit einschloss."[3]

In diese Bewegung lässt sich das Bild jener „Frauen aus Galiläa" einzeichnen, die Jesus nachfolgten und „ihm dienten" (Markus 15,40f.), das heißt: in der Nachfolge Jesu den Verkündigungsauftrag wahrnahmen. Unter ihnen wird mehrfach als erste Maria von Magdala namentlich genannt. Von einer dämonischen Besessenheit wissen die ältesten Überlieferungen noch nichts. Ihnen kann man lediglich Folgendes entnehmen: Maria von Magdala, die Nachfolgerin und Jüngerin Jesu, stammt aus dem galiläischen Magdala am See Gennesaret; der Name weist eher auf eine Herkunft aus der unteren sozialen Schicht hin, weil kein bedeutender Vater oder Ehemann erwähnt wird. „Es fehlen auch sozial akzeptierte Kategorien ‚tugendhafter' bzw. respektabler Frauen, die diese als vorbildliche Töchter, Ehefrauen und Mütter legitimer Nachkommen erscheinen lassen." (Wolfgang Stegemann)[4] Mit einem Wort: Maria von Magdala lebt allein, ist gesellschaftlich nicht integriert, ist nicht definiert durch einen Vater, Ehemann, Bruder, Sohn, steht also für sich selbst und ist einzig auf den Mann bezogen, dem sie nachfolgt: auf Jesus von Nazaret.

Auch wenn das zunächst das Einzige ist, was der biblische Befund über die Gestalt der Maria von Magdala hergibt, so reichten die wenigen Angaben doch aus, die Fantasie von Männern und Frauen gleichermaßen, wenn auch in unterschiedlicher Weise, zu beflügeln. Die nur schemenhaft auftauchende, in mancher Hinsicht ungewöhnliche Frauengestalt wurde zur Projektionsfläche für frauenfeindliche Männerfantasien ebenso wie für emanzipatorische Frauenträume.

III.

Magdala war zur Zeit Jesu eine bedeutende kleine Handelsstadt am See Gennesaret mit einer für die Provinz ziemlich „multikulturellen“ Atmosphäre. Nach rabbinischer Tradition soll sie wegen „Hurerei“ zugrunde gegangen sein.[5] Dies mag unter anderem dazu geführt haben, dass Maria von Magdala später mit der reuigen Sünderin identifiziert wurde, von der das Lukasevangelium unmittelbar vor der Erwähnung der Maria Magdalena erzählt: „Als nun eine Sünderin, die in der Stadt lebte, erfuhr, dass er im Haus des Pharisäers zu Tisch war, kam sie mit einem Alabastergefäß voll wohlriechendem Öl und trat von hinten an ihn heran. Dabei weinte sie und ihre Tränen fielen auf seine Füße. Sie trocknete seine Füße mit ihrem Haar, küsste sie und salbte sie mit dem Öl.“ (Lukas 7,37f.). Auf die Vorhaltungen der Frommen hin entgegnet Jesus: „Ihr sind viele Sünden vergeben, denn sie hat viel geliebt.“ (Lukas 7,47) Dieser Satz machte später aus der Maria von Magdala, die mit der Geschichte ursprünglich rein gar nichts zu tun hatte, die „reuige Sünderin“ und die „große Liebende“, und die ihr fälschlicherweise zugeschriebene Salbungsaktion bestimmte sie zur Schutzpatronin der Parfümfabrikanten, Salbenmischer und Friseure sowie der Hersteller von Modeaccessoires wie Kämmen, Necessaires und Handschuhen.[6] Aber das ist noch die harmlosere Seite dieses Vorgangs. Weitreichende Folgen hatte hingegen, dass die Identifikation der lukanischen Maria Magdalena mit der bußfertigen Prostituierten dazu führte, die sieben Dämonen, von denen sie geheilt wurde, mit den sieben Todsünden gleichzusetzen und damit Sünde und Dämonie mit unkontrollierter weiblicher Sexualität in Verbindung zu bringen.

Gregor der Große predigte am Ende des 6. Jahrhunderts: „Wir glauben, dass sie, die Lukas ein sündiges Weib, Johannes aber Maria nennt, jene Maria ist, aus der ... sieben Teufel ausgetrieben wurden. Und was anderes wird durch die sieben Teufel bezeichnet als alle Laster und Fehler insgesamt. Es ist klar, Brüder, dass das Weib, das zuvor auf schändliches Tun bedacht war, Salben für sich verwandt hatte, um ihrem Leibe Wohlgeruch zu verleihen. Was sie also schändlicherweise für sich missbraucht, das brachte sie nun löblich Gott zum Opfer. Mit ihren Augen hatte sie begehrlich nach Irdischem geschaut, nun aber zerrieb sie sie im Weinen. Ihre Haare hatte sie zur Zierde ihres Antlitzes verwandt, nun trocknete sie damit die Tränen. Mit dem Munde hatte sie übermütige Reden geführt, nun küsste sie mit ihm die Füße des Herrn und drückte ihn auf die Spuren ihres Erlösers. So viele Ergötzungen sie in sich gehabt, so viele Opfer fand sie nun von sich. Sie kehrte die Zahl ihrer Sünden in die Zahl von Tugenden um, damit so alles an ihr, was in ihrem Sündenleben Gott verachtet hatte, nun Ihm in Buße diene."[7]

Mit dieser Interpretation wurde das Bild der Maria Magdalena für die nächsten vierzehnhundert Jahre festgelegt. „Aus der Evangeliengestalt mit ihrer aktiven Rolle als Apostelin der Apostel ... wurde die gerettete Hure: das christliche Modell der Bußfertigkeit. Sie wurde so zu einer beherrschbaren Figur, die als wirksames Propagandainstrument gegen ihr eigenes Geschlecht eingesetzt werden konnte." (Susan Haskins)[8] Frauen, so lautet von nun an die aus männlichen Sexualängsten und Schuldkomplexen hervorgegangene Lesart, sind lasterhaft wie Maria Magdalena und sollen geläutert werden wie sie. In diesem Zusammenhang ist es nur folgerichtig, dass Maria Magdalena zur Namenspatronin kirchlicher Einrichtungen wurde, die sich die Rettung und Erziehung „gefallener" Frauen und Mädchen zur Aufgabe gemacht hatten. Schon im 13. Jahrhundert entstanden die „Magdalenenklöster" als Einrichtung der „Gefährdetenfürsorge", im 19. Jahrhundert kamen als protestantisches Pendant die „Magdalenenasyle" hinzu. Damit hatte Maria Magdalena ihren Ruf endgültig weg. Als sie schließlich zum Medienstar avancierte, wurde das traditionelle Magdalenenbild noch einmal in kräftigen Farben ausgemalt. In Franco Zeffirellis populärem Vierteiler „Jesus von Nazaret", der alljährlich um Ostern herum auf irgendeinem Kanal zu besten Zeiten im Familienfernsehen läuft, erscheint sie erst als wundervoll verruchte italienische Schönheit, sozusagen als das Laster persönlich, um dann später ungeschminkt, im schwarzen Habit, den Freuden der Welt zu entsagen und ihre neue Berufung wahrzunehmen.

Der künstlerisch und konzeptionell interessantere Skandalstreifen über „Die letzte Versuchung Christi" variiert das Thema „Jesus und Maria Magdalena" auf seine Weise. Er zeigt, wie der gekreuzigte Jesus in einer letzten Vision der Verführung durch die Frau zu erliegen droht, der er zeit seines Lebens aus dem Weg gegangen ist, weil er seine besondere Berufung ahnt. Am Ende dieser Vision, die freilich fast die Hälfte des Films ausmacht, weist er die Versuchung zurück, weil der Erlöser der Welt kein normaler Mann sein darf. Bis es so weit gewesen ist, waren allerdings die frommen Pamphlete gegen den Film bereits verfasst, weil ihre Autoren den Schluss nicht abwarten konnten und meinten, der Jesus habe wirklich, wo doch Scorcese und Kazantzakis sich nur vorstellten, er hätte sich vorstellen können ..., um ihn dann die verführerische Frau mitsamt dem Teufel und der sexuellen Versuchung in einem letzten, erlösenden Kraftakt überwinden zu lassen. Männerfantasien!

IV.

„Wer bist du? dachte ich. Wer um alles bist du, Fremder, dass ich hier bei dir sitze, als müsse das so sein? Ich, die Einzelgängerin, ich, die Männerlose, die Ungezähmte. Und jetzt auf einmal dies ... Er hatte etwas an sich, was unnennbar war. Unwiderstehlich war er, doch nahm er einen nicht in Besitz. Er zog an und hielt Abstand ... Ich kannte ihn noch nicht, nie kannte ich ihn wirklich. Und doch war er mir bekannt seit Ewigkeit. Er aber kannte mich.“[9]

Jesus, der Traummann emanzipierter Frauen, und Maria Magdalena, seine Traumpartnerin! In ihrem in alternativen kirchlichen Frauenkreisen gern gelesenen Roman „Mirjam“ entfaltet Luise Rinser diese schöne Vorstellung in größter Ausführlichkeit. In der bekannten Mischung aus Psychokitsch und Pseudospiritualität entwirft sie das Bild einer Beziehung, die ganz offensichtlich ihren eigenen Idealvorstellungen entspricht.[10] Maria Magdalena ist Freundin, Vertraute, „geistliche Braut“ des besonderen Mannes – jenseits allen sexuellen Verlangens, das freilich in sublimer Form immer wieder zum Ausdruck kommt: „Höre, was ich dir sage zum Abschied. Kennst du die Zeilen: ‚Du hast mich beherzt gemacht, Schwester Braut!‘ Stärke mich auch in der kommenden Nacht und am morgigen Tag. Ich werde dich stärken in den drei Tagen danach. Im Garten wirst du mich wiederfinden. Er zog mich an sich, und zum ersten, einzigen Mal legte er seine Lippen auf die meinen. Mehr ein Einhauchen seines Atems als ein Kuss. Dann schob er mich sanft von sich: Und nun stärke die andern in ihrer Schwäche ..."[11]

Dagegen war Martin Luther erfrischend direkt: Maria Magdalena „kann nicht anders denken, träumen, reden denn also: Hätte ich nur den Mann, meinen allerliebsten Gast und Herrn, so wär mein Herz zufrieden". Sie hat ihn „herzlich brünstig lieb gehabt", hatte ein „hitzig brünstig Herz zu ihm" und hat „Gut und Ehre, Leib und Leben und alles, was sie hat, an ihn gesetzt"[12]. Woher kommt diese Vorstellung, dass Maria Magdalena die Frau gewesen sei, „die sensibel und verstehend Jesus zu Lebzeiten begleitet hat"? (Elisabeth Moltmann-Wendel)[13]

Die Texte, die über Maria Magdalena berichten, geben für eine solche Beziehungsgeschichte wenig her. Das Wenige, was sie andeuten könnten, ist daher schon früh mit Leidenschaft ausgedeutet und ausgemalt worden. Eine besondere Rolle kommt dabei der gnostischen Überlieferung zu, die Maria Magdalena als „Paargenossin" Jesu und als eigentliche Übermittlerin seiner Lehre ansah. Hier vermischte sich das Wissen um die „Apostelin der Apostel" mit der Vorstellung von einem mythischen Erlöserpaar, dessen Vereinigung im „Brautgemach", dem Ort der Fülle, die Versöhnung der mit sich selbst und mit Gott entzweiten Menschheit bewirkt.[14] In einem in Oberägypten ausgegrabenen Fragment des aus der koptischen Christenheit stammenden Philippusevangeliums heißt es: „Und die Paargenossin Christi ist Maria Magdalena. Der Herr liebte Maria mehr als die Jünger. Und der Herr küsste sie oftmals auf ihren Mund. Die übrigen Jünger sahen ihn mit Maria. Sagten zu ihm: ‚Weshalb liebst du sie mehr als uns alle?' Der

Soter (Heiland) antwortete und sprach zu ihnen: ‚Warum liebe ich euch nicht ebenso wie sie?'"[15]

Die Bevorzugung Maria Magdalenas vor den anderen Aposteln ist auch ein Thema in dem gnostischen Evangelium der Maria, dem einzigen apokryphen Evangelium, das nach einer biblischen Frauengestalt benannt ist. Maria führt dort nach dem Tod Jesu die Jünger in die geheimen Lehren ein, die sie von ihm empfangen hat. (Text I) Daraufhin wird sie von Petrus angegriffen: „Sprach er wirklich mit einer Frau unter vier Augen und nicht offen zu uns? Wollen wir ihr alle zuhören? Hielt Jesus sie für etwas Besseres als uns?"[16] In diesen Texten spiegelt sich zweierlei wider: eine frühchristliche, gnostisch gedeutete Ausgestaltung einer besonderen Beziehung zwischen Jesus und Maria Magdalena einerseits, das Wissen um ihre tragende Rolle in der Urgemeinde und die mögliche Rivalität zwischen Petrus und Maria Magdalena andererseits. Dies aber sind eindeutig Traditionsbildungen in gnostischen Gemeinden, die der Kirchenvater Tertullian unter anderem deshalb für häretisch erklärt, weil in ihnen Frauen predigen, prophezeien, taufen, und vor allem: weil sie in ihnen Leitungsfunktionen übernehmen.[17] Dass die vom Gnostizismus inspirierten Gemeinden ihrerseits die Gestalt der Maria Magdalena als Galionsfigur in ihrer Auseinandersetzung mit der auf Petrus fixierten Großkirche einsetzten, ist dabei nur folgerichtig.

Die Maria Magdalena aus dieser Tradition wird schließlich ihr Eigenleben entwickeln. Sie taucht, vermischt mit der Gestalt der Maria aus Betanien, zusammen mit Marta und Lazarus an der provençalischen Küste auf und wird, als lebenslange Büßerin in einer Grotte einerseits (Text II), als predigende Magdalena andererseits, zur Missionarin und schließlich, als allgegenwärtige Madeleine, zur beliebtesten Heiligen Frankreichs. Ihre Spur findet sich in der häretischen Bewegung der Katharer ebenso wie in der Ketzerbewegung der Waldenser und schließlich in mittelalterlichen Frauenbewegungen wie den Gemeinschaften der Beginen. Überall, wo sich christliche Basisbewegungen mit emanzipatorischen Anliegen verbinden, hat Maria Magdalena ihren Platz.

Natürlich hat sich auch die Frauenbewegung des 20. Jahrhunderts zu Recht auf sie berufen. In einem Vortrag aus dem Jahre 1907 berichtet Lydia Stöcker bereits ausführlich über die gnostische Maria-Magdalena-Tradition und stellt bewundernd fest, dass „hier wirklich ernst gemacht [wurde] mit dem Begriff der christlichen Freiheit und der Ebenbürtigkeit der Frau"[18]. Dass dieser wichtige Aspekt in der gegenwärtigen kirchlichen Frauenszene erneut betont wird, ist ein weiterer Akt der Fortschreibung einer verschütteten Frauengeschichte, die ihre Wurzeln in der biblischen Überlieferung hat. Anders verhält es sich freilich mit der Neubelebung der mythischen Paarbeziehung, die der Gnostizismus in Jesus und Maria Magdalena hineinprojiziert hat. Was dort noch eingebettet war in die Vorstellungswelt eines sehr komplexen Welterlösungssystems, wird in der individualisierten Form zur sentimentalen Beziehungskiste. In dem in den Siebzigerjahren erfolgreichen Film und Musical „Jesus Christ Superstar" wird Maria Magdalena zur erfahrenen alternativen Braut des „integrierten Mannes", der die Frauen so gut versteht – und sie, die Frau an seiner Seite, ist die Einzige, die weiß, was er wirklich braucht.[19] An dieser Masche ist seitdem, mehr oder weniger differenziert, weitergestrickt worden. Frauenträume!

V.

Die biblische Überlieferung macht über das Innenleben der Menschen um Jesus bezeichnenderweise überhaupt keine Aussagen. Den Evangelisten ging es offenbar nicht um Biografien und schon gar nicht um Psychogramme, sondern um Paradigmen gelebter Nachfolge. Bei Markus und Matthäus verkörpert Maria von Magdala zunächst einmal nichts anderes als den Typ der Frau, die keine anderen Bindungen aufweist als die an Jesus und die Jesusbewegung. Die lukanische Maria Magdalena wird als eine von Jesus geheilte Frau dargestellt, die ihr Vermögen der Jesusgemeinde zur Verfügung stellt. In der Geschichte, die Johannes erzählt, erscheint sie als Schülerin des Rabbi Jesus, die ihn verehrt und die von ihm einen besonderen Verkündigungsauftrag erhält. Maria aus Magdala vereint im Grunde in sich alle neuen Rollen, die Frauen in der Jesusbewegung und der frühen Kirche eingenommen haben. Sie symbolisiert die weibliche Seite der Jesusbewegung. An ihr wird deutlich, welche neuen Möglichkeiten sich für Frauen in der Nachfolge Jesu eröffnen. In der Überlieferung der Evangelien ist noch etwas davon zu ahnen. Als sich jedoch die patriarchalischen Strukturen in der alten Kirche gegen ein egalitäres Gemeindeverständnis durchsetzten, wurde die Bedeutung der Maria Magdalena nach und nach zurückgedrängt und schließlich bis zur Unkenntlichkeit entstellt. Die Jüngerin und Apostelin musste auswandern – in die egalitären häretischen Bewegungen und in den kirchlichen Untergrund. Dabei zeigt gerade „die Polemik der kirchlichen Väter gegen das kirchliche Leitungsamt der Frau an, dass die Frage des Frauenamtes im zweiten und dritten Jahrhundert umstritten war. Diese Polemik beweist, dass die progressive Patriarchalisierung des kirchlichen Amtes nicht unangefochten fortschritt, sondern dass sie sich mit einer urchristlichen Theologie und Praxis auseinanderzusetzen hatte, die den Führungsanspruch der Frauen anerkannte." (Elisabeth Schüssler Fiorenza)[20] Dieser Führungsanspruch macht sich vor allem an der Frage der apostolischen Sukzession fest, die in der ersten Generation der christlichen Gemeinde zweifellos auch den Frauen aus dem Jüngerkreis Jesu zuerkannt wurde. Deutliches Zeichen dafür ist die Bedeutung, welche die Frauen, allen voran Maria von Magdala, in den Passions- und Auferstehungstraditionen erhalten. Hier wird das Predigtamt der Maria aus Magdala begründet, hier wird sie zur „Apostola apostolorum", die den Auftrag erhält, den Jüngern die Auferstehung Jesu und die Weisungen des auferstandenen Herrn zu verkündigen.

VI.

Maria von Magdala/Magdalena ist die einzige Frau, die in allen vier Evangelien namentlich als diejenige genannt wird, die, zusammen mit jeweils unterschiedlichen anderen Frauen oder allein, in der Nähe des gekreuzigten Jesus bleibt, seine Grablegung begleitet und zur ersten Adressatin der Auferstehungsbotschaft wird, was zugleich mit einem Verkündigungsauftrag verbunden ist. Dass die sonst schon deutlich androzentrischen Evangelientexte diese Aussage übereinstimmend festhalten, deutet darauf hin, dass Frauen nicht nur an der Ausbreitung der Jesusbewegung maßgeblich beteiligt waren, sondern vor allem auch an der „kontinuierlichen Weiterführung dieser Bewegung nach der Verhaftung und Hinrichtung Jesu“[21]. Über konkrete Vorgehensweisen und historische Vorgänge zu spekulieren verbieten die biblischen Texte jedoch. Sie halten vielmehr eine Erkenntnis fest, die sich nicht nur auf diese eine Situation beschränkt, sondern eine allgemeine Erfahrung aus Verfolgungs- und Krisensituationen verarbeitet: dass nämlich dort, wo anscheinend nichts mehr weitergeht, Frauen die stärkere Durchhaltekraft beweisen. Sie können offenbar besser mit Niederlagen umgehen als die Männer, die nach dem offensichtlichen Scheitern Jesu die Flucht ergreifen und nicht glauben können, dass seine Bewegung weitergeht. Von den Frauen werden keine großen Aktionen, keine Heldentaten berichtet, aber ein stilles Ausharren, eine hartnäckige Beharrlichkeit, wo alles verloren scheint und die Helden müde geworden sind. Sie haben keine großen Reden gehalten wie Petrus, der versprach, bei Jesus zu bleiben, auch wenn ihn alle verlassen. Sie haben nicht wie er mit heroischer Geste das Schwert gezogen, um ihn zu verteidigen. Sie haben aber auch nicht den Besiegten und Verklagten verleugnet und gesagt: „Ich kenne ihn nicht.“ Sie haben vielleicht mehr geahnt als begriffen, was später die Evangelisten theologisch zu reflektieren versuchen: dass sich das Geheimnis des Messias Jesus nicht in seiner Macht, sondern seiner Ohnmacht offenbart. Indem sie ihm in die Erniedrigung folgen, werden sie die ersten Zeuginnen seiner Erhöhung.

Dass es Frauen waren, welche die Fortführung der Jesusbewegung in ihrer entscheidenden Krise getragen haben, wird ihre Autorität in der urchristlichen Gemeinde im Wesentlichen begründet haben. Männer, so scheint es, tauchen erst wieder auf, als es Macht zu verteilen gibt und Leitungsfunktionen. Sie werden ihren Anspruch theologisch zu legitimieren wissen, auch wenn sie in den Osterberichten offensichtlich ihre Mühe damit haben, den Petrus wieder ins Spiel zu bringen und zu rehabilitieren. Dass sein apostolischer Führungsanspruch zunächst durchaus nicht unumstritten gewesen sein dürfte, zeigt seine Rolle in den Passions- und Osterberichten jedenfalls deutlich genug. Dass Maria von Magdala/Magdalena ihm zumindest gleichgeordnet wurde und dass damit das Recht von Frauen auf Leitungsämter in der christlichen Gemeinde begründet worden ist, lässt sich aus den biblischen Texten ebenfalls rekonstruieren. Doch sollte das nicht dazu verführen, weitergehende historische und biografische Spekulationen anzustellen. So sicher es die historische Maria aus Magdala gegeben haben wird, so sehr ist ihre biblisch fassbare Gestalt bereits eine Repräsentation von (Frauen-)Erfahrungen in der frühen Christenheit allgemein.

VII.

Eine dieser Erfahrungen wird im letzten Kapitel des Markusevangeliums zum Ausdruck gebracht. In ihm wird berichtet, dass die Frauen den Auftrag erhalten, die Jünger nach Galiläa zu schicken: Dort werden sie den Auferstandenen wiederfinden (Markus 16,7). Schon zuvor hatte Markus darauf bestanden, dass die Frauen, die Jesus bis unter das Kreuz nachfolgen, aus Galiläa kommen, also nicht zu den „Töchtern Jerusalems" gehören. Für Markus sind Galiläa und Jerusalem nicht nur geografische Begriffe. Jerusalem ist der Ort, an dem nach der Davidstradition der Messias seine Macht offenbart und seine Herrschaft antritt. Doch für die christliche Gemeinde, die Jesus als den Messias bekennt, ist Jerusalem, das religiöse und politische Machtzentrum, der Ort, an dem der Messias getötet wurde. „Markus hat daraus die Konsequenz gezogen. Die Bewegung muss umgekehrt werden: weg von Jerusalem, wo alles vernichtet wurde, und hin nach Galiläa, wo alles begann. Das ist mehr als ein bloßer Ortswechsel. Es ist Bekehrung, Umkehrung, politische Richtungsänderung, Neubeginn." (Kuno Füssel)[22] Mit der Rückkehr nach Galiläa haben sich die Jesusbewegung und die messianische Gemeinde endgültig von einem triumphalistischen Messiasbild verabschiedet. Die Durchsetzung der Herrschaft Gottes, die der Messias in Gang bringt, geschieht nicht von oben, sondern von unten. Das ist die Botschaft, welche die Frauen weitergeben sollen. Sie weisen die Jesusbewegung zurück an die Basis, an ihre Wurzeln in Galiläa.

Damit endet die Frohe Botschaft nach Markus. Die galiläischen Frauen, auch Maria von Magdala, behalten diese Botschaft für sich. Die Geschichte, die Markus erzählt, hat ein offenes Ende. Klaus Wengst schreibt dazu: „Das Evangelium ist ... für eine Gemeinde geschrieben worden, in der es gelesen und vorgelesen werden soll ... Ist die Verlesung des Evangeliums in der Gemeinde mit 16,8 zu Ende gekommen, beginnt sie schließlich mit 1,1 von Neuem, und dort geht Jesus seinen Jüngern wieder in Galiläa voran ..."[23] Diesen Prozess sollen die Hörer und Hörerinnen der Geschichte mitvollziehen. In der Gefährdung der Verfolgung, trotz Furcht und Erschrecken sollen sie in die Nachfolge des irdischen Jesus eintreten. „Vom Zeugnis der Auferweckung Jesu her erfolgt also ein Hineinnehmen in die erneute und erneuerte Nachfolge des Irdischen. Darin wird er zu ‚sehen' sein, weil er darin erneut gegenwärtig ist."[24] Ähnlich schildert es Michel Clévenot in einer wunderbaren Szene, die den „Sitz im Leben“ der Markusgeschichte nachzuempfinden versucht. Er lässt sie in Rom stattfinden, im Trastevere, „einer trostlosen Vorstadt, wo sich Zehntausende von Hafenarbeitern, Hilfsarbeitern und Arbeitslosen zusammenballen ... Dort hat sich mit hereinbrechender Nacht gerade eine kleine Gruppe von ärmlich gekleideten Männern und Frauen in einem Schuppen versammelt. Sie machen keinen besonders ermutigenden Eindruck und suchen verstohlen mit ihren Augen alle dunklen Winkel ab, in denen sich ein Denunziant versteckt haben könnte. Sie sind gerade dabei, einer Person mit sonnenverbranntem Gesicht und judäischen Zügen zuzuhören.“ Der Erzähler berichtet von der Kreuzigung, von der Grablegung, von dem Morgen des dritten Tages. „Und die Kunst des Erzählers ist so groß, sein Ton so überzeugend, dass man, während man ihm zuhört, wie er uns jene Frauen ins Gedächtnis zurückruft, die nicht den Mut hatten, die aufregende Botschaft auszurichten, das Verlangen spürt, aufzuspringen und zu schreien: ‚Gut, ich werde gehen!‘ ... Wenn Markus die Sensation ablehnt, wenn er sich weigert, seinen Lesern etwas von einer wunderartigen Auferstehung zu erzählen und ihnen stattdessen vorschlägt, sich selber des Evangeliums anzunehmen, führt er dann nicht ... ein völlig eigenständiges Prinzip des Umsturzes ein: den Aufruf, sich zu erheben und Jesus nachzufolgen?“[25]

„Die Bewegung zum Reich Gottes braucht keine Helden, sondern jeden von uns!“ Die galiläischen Frauen, die keine „Helden“ sein wollten, erinnern uns daran.

VIII.

Eine andere Frauengeschichte wird im Johannesevangelium erzählt. Hier ist Maria von Magdala die einzige Frau am Grab Jesu. Sie weint, weil das Grab leer ist. Das leere Grab, vor einigen Jahren Gegenstand eines vorsintflutlichen theologischen Streites, ist keineswegs ein Zeichen oder gar ein Beweis für die Auferstehung. Maria weint, weil sie glaubt, man habe den Leichnam weggeschafft und ihr auch noch den toten Jesus genommen – bis sie in der Gestalt eines Fremden den lebendigen Jesus erkennt. Fulbert Steffensky schreibt in einer Meditation über die Tränen und den Glauben der Maria von Magdala: „Es hätte auch anders sein können. Es hätte auch sein können, dass der Untergang ihrer Hoffnung sie für einen neuen Glauben zu müde gemacht hätte. Es hätte sein können, dass sie sich geschont und sich gegen eine neue Enttäuschung gefeit hätte ... Was befähigt diese Maria, die Hoffnung nicht aufzugeben und Christus in der fremden Gestalt zu erkennen? Sie ist keine Glaubenskünstlerin. Aber sie hat ihre Tränen. Sie hat sich nicht abgefunden mit dem Tod der Hoffnung, ist weder in Zynismus noch Resignation gefallen ... Maria wahrt ihre Würde der Untröstlichkeit, sie weint. Vielleicht ist die Untröstlichkeit nahe am Glauben ...“[26] Sie, die sich nicht hat trösten lassen wollen, wird nun nach Johannes die erste Begegnung mit Jesus haben und von ihm den Auftrag bekommen, seine Weisung an die Jünger weiterzugeben.

Zunächst aber ist da noch die Geschichte mit dem Gärtner. Er taucht auf, weil Johannes das Grab Jesu abweichend von den Synoptikern und kaum in Übereinstimmung mit den historischen Gegebenheiten in einen Garten verlegt. Die Erinnerung an den Garten Eden wird wach, an den von Gott gewollten paradiesischen Urzustand der Schöpfung und die Hoffnung auf die Wiederbringung des Paradieses in der messianischen Zukunft. Könnte Gott der Gärtner sein, der Christus, den neuen Adam, nicht aus dem Paradies „wegschafft", sondern den Prozess der Wiedergewinnung des Paradieses in der neuen Gemeinde der Jesusgeschwister eröffnet? Dann wären Christus und Maria von Magdala das Gegenstück zu Adam und Eva, die das Paradies durch ihr Wie-Gott-sein-Wollen verloren haben.[27] Hat Johannes damit vielleicht den gnostischen Mythos vom Erlöserpaar modifiziert und der biblischen Tradition eingepasst?

Was sich auch immer in der Szenerie des neuen Garten Eden verbirgt: Deutlich ist, dass der Prozess, der hier in Gang kommen soll, nicht bei der Erinnerung an den irdischen Jesus stehen bleiben darf. In diesem Sinne hat die kirchliche Auslegung von Anfang an die Worte Jesu an Maria Magdalena „entprivatisiert" und auf die Christusnachfolge der Jüngerinnen und Jünger und ihren besonderen Verkündigungsauftrag bezogen. (Text III) Dass dieses Geschehen die Begrenztheit der irdischen Existenz Jesu sprengt, ist ja bereits in der Christologie des Johannes angelegt, in der Kreuz und Erhöhung, Verherrlichung und Aufstieg Christi zum Vater zusammenfallen. Deshalb darf Maria ihn erkennen, aber nicht festhalten: „Halte mich nicht fest, denn ich bin noch nicht zum Vater hinaufgegangen. [Abb. 3] Geh aber zu meinen Brüdern und sage ihnen: Ich gehe hinauf zu meinem Vater und zu eurem Vater, zu meinem Gott und zu eurem Gott. Maria von Magdala ging zu den Jüngern und verkündete ihnen: Ich habe den Herrn gesehen. Und sie richtete ihnen aus, was er ihr gesagt hatte." (Johannes 20,17f.) Nicht um nostalgische Erinnerung geht es, sondern um das immer neue Vergegenwärtigen des lebendigen Herrn in der geschwisterlichen Gemeinschaft seiner Nachfolgerinnen und Nachfolger.

Dass diese Botschaft in Gestalt einer Beziehungsgeschichte vermittelt wird, in der es auch um die Spannung von Nähe und Distanz geht, lässt schließlich aber doch vermuten, dass hier Frauen ihre Erfahrungen mit jenen besonderen Männern haben einfließen lassen, die außergewöhnlich nahe Beziehungen herstellen, um sich dann fortwährend von ihnen zu distanzieren. Maria, die ihren Lehrer Jesus liebt und verehrt, muss sich von ihm trennen, damit der Prozess der Befreiung in Gang kommt. Dass sie darüber zur Apostelin der Apostel wird, zeigt, dass die Produktivkraft Liebe nicht nur in dem, was sich Liebende geben, sondern auch in dem, was ihnen vorenthalten wird, schöpferische Kraft freisetzt.

Abb. 3: Jesus und Magdalena, Cathédrale St. Lazare, Autun

Texte

I.

Maria sprach: „Was euch verborgen ist, will ich euch mitteilen.“ Und sie begann, ihnen folgende Worte zu sagen: „Ich sah den Herrn in einem Gesicht und er sagte zu mir: ‚Wohl dir, dass du nicht wankst bei meinem Anblick. Denn dort, wo der Verstand ist, da ist der Schatz.‘ Ich sagte zu ihm: ‚Herr, jetzt sage mir: Der, der das Gesicht sieht, sieht er es durch die Seele oder durch den Geist?‘ Der Erlöser antwortete und sagte: ‚Er sieht es nicht durch die Seele und nicht durch den Geist, sondern der Verstand, der in der Mitte zwischen den beiden ist, der ist es, der das Gesicht sieht ... die erste Gestalt ist die Finsternis; die zweite die Begierde; die dritte die Unwissenheit; die vierte ist die Erregung des Todes; die fünfte ist das Reich des Fleisches; die sechste ist die törichte Klugheit des Fleisches; die siebente ist die zornige Weisheit; das sind die sieben Teilhaber am Zorn. Sie fragen die Seele: ‚Woher kommst du, Menschentöterin, und wohin bist du des Weges, Orteüberwinderin?‘ Die Seele antwortete und sprach: ‚Was mich fasst, ist getötet worden, was mich umwendet, ist beseitigt worden, meine Begierde ist zu Ende gegangen und die Unwissenheit gestorben ... In einer Welt wurde ich erlöst aus einer Welt und in einer Gestalt aus einer oberen Gestalt und aus der Fessel der Erkenntnisunfähigkeit, deren Bestehen zeitlich begrenzt ist. Von dieser Zeit an werde ich die Ruhe erlangen zur Zeit des Zeitpunktes des Äons in Schweigen.‘“ Als Maria das gesagt hatte, schwieg sie, sodass also der Erlöser bis hierher mit ihr gesprochen hatte. Andreas aber entgegnete und sprach zu den Brüdern: „Ich glaube nicht, dass der Erlöser das gesagt hat.“

Evangelium der Maria, um 150 n. Chr. Zitiert nach: Rosemary Radford Ruether, Frauenbilder – Gottesbilder, Gütersloh 1987, S. 268f.

II.

Die Höhle, in der Maria Magdalena dreißig Jahre lang ihre Buße ableistete, ist, wie es heißt, vierundzwanzig Meilen von Marseille entfernt. Ich verbrachte dort eine Nacht vor ihrem Festtag. Sie befindet sich in einem sehr hohen Felsen und ist meiner Meinung nach groß genug, um tausend Menschen aufzunehmen. Es gibt dort drei Altäre und eine Quelle … Außerhalb, nahe der Grotte, liegt eine Kirche, in der ein Priester dient … Fortan müssen alle Erörterungen über den Leichnam Magdalenas aufhören. Die Einwohner von Sinigaglia hatten ihn bereits für sich beansprucht. Auch die Mönche von Vézelay, einem dicht bevölkerten Ort in Burgund, behaupten, ihn zu besitzen. Sie ersannen sogar eine Legende darüber. Es ist jedoch ganz klar, dass der Körper derselben Person nicht an drei verschiedenen Plätzen sein kann.

Fra Salimbene, 1248. Zitiert nach: Susan Haskins, Die Jüngerin, Bergisch Gladbach 1994, S. 155.

III.

O Maria, weine nicht, suche nicht mehr. Der wahre Gärtner ist hier und der Pflanzer des Geistes. Suche im Garten des Geistes den Arbeiter des Geistes. Warum weinst und klagst du? Warum richtest du deinen Geist nicht auf? Warum kehrst du zum Grabmal zurück? Er ist bei dir, er, den du liebst. Du hast Jesus gesucht und ihn gefunden, aber du begreifst es nicht. Warum stöhnst und jammerst du? Du hast wahre Freude. Die Linderung deines Schmerzes ist in dir verborgen, und du weißt es nicht. Du hast sie in deinem Inneren und suchst außerhalb nach dem Heilmittel für deine Sehnsucht … der Samen, welcher ist das Wort Christi, erleuchtet dich stärker, und du erwiderst „Rabbuni“, nachdem er dich „Maria“ nannte … Lass uns teilhaben am Ruhm des Auferstandenen, den du gesehen hast.

Philippe de Grève, 13. Jahrhundert.
Zitiert nach Susan Haskins, a. a. O., S. 30.

Anmerkungen

1 Luise Schottroff, Frauen in der Nachfolge Jesu in neutestamentlicher Zeit. In: Willy Schottroff / Wolfgang Stegemann (Hg), Traditionen der Befreiung, Band 2, München 1980, S. 101.
2 Vgl. Apostelgeschichte 16,14 und 17,4.12.
3 Luise Schottroff, Frauen in der Nachfolge Jesu in neutestamentlicher Zeit, a. O., S. 102.
4 Ekkehart Stegemann / Wolfgang Stegemann, Urchristliche Sozialgeschichte, Stuttgart 1995, S. 328.
5 Maria-Sybilla Heister, Frauen in der biblischen Glaubensgeschichte, Göttingen 1990[3], S. 194.
6 Elisabeth Moltmann-Wendel, Ein eigener Mensch werden, Gütersloh 1991[7], S. 92.
7 Susan Haskins, Die Jüngerin, Bergisch Gladbach 1994, S. 106.
8 Ebenda.
9 Luise Rinser, Mirjam, Frankfurt/Main 1985, S. 55.
10 Die von ihr veröffentlichten Briefe an den Theologen Karl Rahner bieten dazu einen aufschlussreichen Kommentar.
11 Luise Rinser, a. a. O., S. 261.
12 Elisabeth Moltmann-Wendel, a. a. O., S. 93.
13 Ebenda, S. 71.
14 Zum Überblick über die Systeme des Gnostizismus vgl. Susan Haskins, a. a. O., S. 43ff.
15 Ebenda, S. 51.
16 Zitiert in: Kaari Utrio, Evas Töchter, Die weibliche Seite der Geschichte, Wiesbaden 1984, S. 59.
17 Ebenda.
18 Lydia Stöcker, Die Frau in den frühen Kirchen. In: Elisabeth Moltmann-Wendel, Frau und Religion, Frankfurt/Main 1983, S. 99.
19 „She alone has tried to give me what I need right here and now ..." Tim Rice, Andrew Lloyd Webber, Jesus Christ Superstar.
20 Elisabeth Schüssler Fiorenza, Der Beitrag der Frau zur urchristlichen Bewegung. In: Willy Schottroff / Wolfgang Stegemann, a. a. O., S. 74.
21 Elisabeth Schüssler Fiorenza, Zu ihrem Gedächtnis ... Gütersloh 1993[2], S. 384.
22 Kuno Füssel, Drei Tage mit Jesus im Tempel, Münster 1987, S. 54.
23 Klaus Wengst, Ostern. Ein wirkliches Gleichnis, eine wahre Geschichte, Gütersloh 1991, S. 47.
24 Ebenda, S. 48.
25 Michel Clévenot, Von Jerusalem nach Rom, Fribourg 1987, S. 150f.
26 Fulbert Steffensky, Sie dachte, es wäre der Gärtner. DS vom 14. 4. 1995.
27 Den Hinweis auf diese Analogie verdanke ich Kuno Füssel.

topos taschenbücher

Hanna-Barbara Gerl-Falkovitz

Frau – Männin – Menschin

Zwischen Feminismus und Gender

288 Seiten

Band 1056
ISBN 978-3-8367-1056-5

topos taschenbücher

Dorothee Sölle

Gottes starke Töchter

Große Frauen der Bibel

103 Seiten

Band 688
ISBN 978-3-8367-0688-9

topos taschenbücher

Martina Kreidler-Kos

Maria von Nazaret

Annäherungen

124 Seiten

Band 862
ISBN 978-3-8367-0862-3

www.topos-taschenbuecher.de